Michael Plathow

... das Evangelium zu predigen ...

AF549220

Michael Plathow

... das Evangelium zu predigen ...

Predigten an verschiedenen Orten

Fromm Verlag

Imprint

Any brand names and product names mentioned in this book are subject to trademark, brand or patent protection and are trademarks or registered trademarks of their respective holders. The use of brand names, product names, common names, trade names, product descriptions etc. even without a particular marking in this work is in no way to be construed to mean that such names may be regarded as unrestricted in respect of trademark and brand protection legislation and could thus be used by anyone.

Cover image: www.ingimage.com

Publisher:
Fromm Verlag
is a trademark of
Dodo Books Indian Ocean Ltd., member of the OmniScriptum S.R.L Publishing group
str. A.Russo 15, of. 61, Chisinau-2068, Republic of Moldova Europe
Printed at: see last page
ISBN: 978-613-8-37492-3

Copyright © Michael Plathow
Copyright © 2021 Dodo Books Indian Ocean Ltd., member of the OmniScriptum S.R.L Publishing group

„… das Evangelium zu predigen ...“
Predigten an verschiedenen Orten

Michael Plathow

Adelheid von Hauff
Unsere Gespräche zu Predigen und Predigt

Vorwort

„Rechenschaft geben von der Hoffnung, die uns Christen geschenkt ist“ (1 Petr 3, 15) – das will Intention und Tenor dieser Predigten sein. Reden von Gott und Reden mit Gott gehören zusammen wie -trotz eigenem Unvermögen – Lehren und Leben durch die Gnade Gottes, die offenbar ist in Christus Jesus, „der uns zur Weisheit wurde und zur Gerechtigkeit und zur Heiligung und zur Erlösung“ (1 Kor 1, 30). M. Luther hat sich immer wieder auf dieses Bekenntnis des Apostel Paulus berufen.

Nach den Predigtbänden „Glauben erkennen, anerkennen und bekennen“ (2008), „Glauben denken und bezeugen“ (2013), „Gewissheit bezeugen“ (2018) wollen diese Predigten aus den Jahren 2018 bis 2021 in großer Vielstimmigkeit Glauben denkend bezeugen. Die Polyphonie ist durch die unterschiedlichen Predigttexte, ihrer Sprachform und ihrem theologischen Skopus, durch die jeweiligen Adressaten in ihren gemeindlichen und gesellschaftlichen Situation bestimmt. Die Polyphonie ist ebenfalls durch die besonderen Sonntage im Kirchenjahr, die verschiedenen Gemeinden (neben der Universitätsgemeinde auch Gemeinden im Umkreis von Heidelberg), durch die Herausforderung etwa der Pandemie (Kurzpredigten), wie durch den Individualisierungs- und Säkularisierungstrend bedingt.

Angesichts der Frage nach der Menschen der Gegenwart des lebendigen Gott und der Erfahrung von Sünde und Leid, Anmaßung und Ohnmacht der Menschen möchte der „Glaube, der aus der Predigt kommt“ (Röm 10, 17), Zuversicht, Trost und Hoffnung zusagen und zum verantwortlichen Engagement in Gemeinde und Gesellschaft für mehr Frieden, Gerechtigkeit und Einsatz um Bewahrung der Schöpfung rufen.

Mögen die Predigten Resonanz finden.

Michael Plathow

Inhaltsverzeichnis

Hebr 11, 1 – 2; 12, 1 – 3 : „Glaube – feste Zuversicht“ (Palmsonntag, 28. 3. 2021) S. 1
Jes 52, 13 – 53, 12: „Gott erhöht seinen leidenden Knecht“ (Karfreitag 2021) S. 3
Joh 21, 1 – 14: „Der Auferstandene ist da“ (Quasimodogeniti, 11. 4. 2021) S. 6
Jona 1 uns 2: “Gottes Humor – Gott lächelt über Jona“ (1. So. n. Trin. 6. 6. 2021) S. 8
Jes 60, 1 – 6: „Es gibt eine Hoffnung für deine Zukunft“ (Epiphanias. 6. 1. 2021) S. 10
Jes 43, 1: „Fürchte dich nicht!“ (6. So. n. Trin., 19. 7. 2020) S. 13
Jer 1, 4 – 10: „Vertraut den neuen Wegen“ (9. So. n. Trin., 9. 8. 2020) S. 15
Sach 9, 9f: „Freude der Buße“ (2. 12. 2020) S. 16
Lk 5, 1 – 11: „Nachfolge“ (5. So. n. Trin.12. 7. 2020) S. 18
Röm 12, 17 – 21: „Gottes Friedensbewegung – Böses mit Gutem überwinden“ (4. So. n. Trin.5. 7. 2020) S. 21
5. Mose 7, 6 – 12: „Erinnern in die Zukunft“ (6. So. n. Trin. 19. 7. 2020) S. 24
2. Kor 4, 6 – 10: „Der geheimnisvolle Schatz des Glaubens“ (Epiphanias. 5. 1. 2020) S. 27
2. Kor 13, 11 – 13: „Dennoch segnet der dreieine Gott uns“ (Trinitatis. 7. 6. 2020) S. 29
1. Petr 1, 3 – 9: „Lebendige Hoffnung“ (Quasimodogeniti. 19. 4. 2020) S. 32
Mk 12, 1 – 12: „Jesus sagt: Dir ist vergeben, steh auf“ (Jubilate. 3. 5. 2020) S. 35
Joh 5, 1 – 11: „Da hilft nur noch ein Wunder“ (12. So. n. Trin. 27. 10.2020) S. 37
Kol 2, 1 – 7, 20 – 23: „Weisheit – geistliche und theologische Urteilskraft – im Leben der Gemeinde“ (15. 1. 2020) S. 40
Mk 14, 3 – 9: „Wer ist Jesus Christus für mich“ (Palmsonntag. 14. 4. 2020) S. 42
Mk 14, 53 – 63: „Ich bin´s“ (Passionssonntag 2020) S. 45
Mt 20, 1 – 16: „Mehr als zusteht“ (4. 3. 2020) S. 49
3. Mose 19, 33f: „Ihr seid auch Fremde“ (6. 9. 2020) S. 51
Lk 13, 10 – 17: „Die gekrümmte Frau“ (26. 6. 2ß20) S. 53
Mk 3, 21, 31 – 35: „drinnen oder draußen“ (13. So. n. Trin. 15. 9. 2019) S. 55
Lk 6, 27 – 39: „Feindesliebe“ (10. 11. 2019) S. 59
Jes 66, 12 – 24: „Der Zorn umkehrende Trost“ (12. 12. 2018) S. 62
Lk 1, 26 – 28, 39 – 56: „Sehender Glaube“ (4. Advent. 23. 12. 2018) S. 64
Lk 18, 1 – 8: „Das beharrliche Gebet: ´Dein Reich komme`“ (18. 11. 2019) S. 66
Gen 4, 1 – 15: „Jenseits von Eden: das Kainszeichen – mit vergebener Schuld leben“ (13. So. n. Trin. 26. 8. 2018) S. 70
Mt 5, 13 – 16: „Ihr seid das Salz … Ihr seid das Licht“ (4. 9. 2019) S. 73
1. Kor 12, 1 – 11: „Staunen über die Gegenwart des heiligen Geistes“ (6. 7. 2016) S. 75

Hebr 11, 1 – 2; 12, 1 – 3: „Glaube – feste Zuversicht im Aufsehen auf Jesus“
Palmsonntag 2021 in Rauenberg
Kurzpredigt

Lied: „Lasset uns mit Jesus ziehen, seinen Weg ihm folgen nach ...“ (EG 384, 1, 6)

1. Liebe Gemeinde, so sangen wir gerade zum Beginn der Karwoche. Der heutige Predigttext verheißt dazu: Vertrauen, Geduld, Hoffnung, wenn er versichert: Es ist der „Glaube“ eine feste, vertrauenswürdige „Zuversicht“ dessen, „was man hofft“ und ein Nichtzweifeln an dem, was man nicht sieht. Glaube und Vertrauen macht den Blick weit.
Ich glaube ihm; er ist vertrauenswürdig, sagte damals meine Mutter; voll Hoffnung ließ sie sich von diesem Augenarzt am „grauen Star“ operieren. Heute ist es ein Routineeingriff.
Vertrauen, das ist das Leitwort in der jetzigen Pandemie: Vertrauen ins Impfen gegen alle Impfskepsis, hoffendes Vertrauen in den Impfstoff. Ja, ohne Vertrauen läuft nichts: in der Beziehung zwischen Ehepaaren, zwischen Eltern und Kindern, in Wirtschaft und Politik, in Börse und Bank, in Gemeinde und Kirche. Vertrauen schafft weiten Raum, eröffnet neue Perspektiven. Beharrliches Festhalten, Geduld, auch Treue gehören dazu.
Vertrauen ist ausgerichtet auf das, das erhofft wird: dass meine Mutter wieder klar sah, dass ich immun bin gegen die Viren. Auf Zukunft hin offen ist der Mensch. Da wird erhofft, dass bestimmte Bedürfnisse erfüllt werden wie mehr Aufmerksamkeit, gute Gesundheit, befriedigender Beruf oder einfach Geld, Glück, Karriere. Und was man erhofft, bestimmt das Vertrauen. Und das geht nach dem Zuspruch des Hebräerbriefes über all das Genannte weit hinaus. Es ist der Glaube ein festes Vertrauen des, das man hofft.

2. Liebe Gemeinde, Glaube bedeutet Vertrauen, grundlegendes, Leben bestimmendes Vertrauen. Glaube meint ein spezifisches Vertrauen, das hinaus geht über das, was unsere Sinne wahrnehmen, was wir wissen. Glaube öffnet die Zukunft Gottes.
Christliche Glaube erweist sich da als existentielles Ergriffensein von Gott, der uns gut. Wir glauben, weil Gott uns glaubt und weil Gottes Hoffnung unserem Hoffen vorausgeht. Unsere „vorletzten“ Hoffnungen und unsere „letzte“ Hoffnung gilt darum ihm. Ihm gehört mein Herz.

Die Glaubenden sind auf dem Weg. Glaube meint nicht Stillstand oder Standpunkt. Glaube, bedeutet nicht Sein, sondern Werden durchs „finstere Tal“ (Ps 23,) oder im Sprung über Mauern (Ps 18). Der Weg des Glaubens führt durch schwere Wochen - „Ich glaube, hilf meinem Unglauben“ (Mk 9, 24) - und durch gute Tage.
Da kommen Zeiten der Anfechtung teils von außen durch Krankheit, Einsamkeit, Verlust eines geliebten Menschen mit Klagen gegen Gott. Teils kommen sie von innen durch Schuldbewusstsein, Gleichgültigkeit oder durch gute Tage, in denen Gott vergessen wird, Menschen sich selbst genug sind. Gottes scheinbare Ferne weckt da, wo wir seine Nähe vermissen, uns nach ihr sehnen, weckt da Allein- und Angefochtensein. Der Erhoffte scheint verborgen, fern.

Liebe Gemeinde, „lasset uns mit Jesus ziehen“, seinen Weg ihm folgen nach. Auch Jesus erfuhr, dass Gott, der das Gute will, sich verborgen zeigt, dass sein Herz, das eigentlich für uns schlägt, kalt zu bleiben scheint. Gott scheint fern, verborgen. Gott lässt sein Antlitz nicht sehen,er bleibt unsichtbar.
Selbst Mose durfte aus einem Felsenspalt nur „Gottes „Rückenansicht“ wahrnehmen (Ex 33, 23). Auch Elia vernahm nichts Besonderes, nur ein“stilles sanftes Sausen“.

Aber, und das ist entscheidend, sie vernahmen die Stimme; sie hörten den Ruf Gottes. Und sie folgten dem, was Gott sagte und wozu er sie beauftragte. Und sie brachen auf glaubend und hoffnungsvoll.

Das Geheimnis von Gottes Verborgenheit, liebe Gemeinde, wird offenbar in Jesu Christi Kreuz und Auferstehung. Hier schlägt Gottes Herz für uns; hier zeigt er sein Antlitz. Gott teilt sich selbst mit in Jesu Worten und Taten, in Jesu Erniedrigung und Erhöhung. Als Jesus angefochten, verspottet und verlassen den Weg ans Kreuz ging, sich entäußerte bis zum Tod, da war Gott da, war bei ihm. Und Gott ließ Jesus nicht im Tod. Gott setzte Jesus ins Recht. In der Auferstehung strahlte Gottes Herrlichkeit wider. Gott der Vater erhöhte ihn und gab ihm die Macht über alle Gewalten, auch über den Tod. Christus ist Sieger, Sieger über Sünde, Leid und Tod.
Und Jesus geht den Glaubenden voran auf dem Weg durch Anfechtung und Leid, er, unser erstgeborener Bruder. Und wenn wir zu ihm aufsehen, auf ihn den Gekreuzigten - wie das Volk Israel in der Wüste auf die eherne Schlange schaute und lebte, so haben wir Gemeinschaft mit Christus, der sagt: „Ich lebe und ihr sollte auch leben“, Er, Gottes eingeborener Sohn, mein Herr, ist da auf meinem Weg mit Anfechtung und Schuld. Seine versöhnende und erlösende, rettende und befreiende Tat am Kreuz gilt mir: Vergebung und neues Leben „für mich“. Von ihm empfange ich „Gnade um Gnade“.

3. Liebe Gemeinde, wir auf dem Weg, beschwert oder befreit, müde oder geduldig, sind nicht allein. „Du bist bei mir“, „Du stellt meine Füße auf weiten Raum“, „Du weist mir den Weg des Lebens“. Gott ist uns näher als wir uns selbst sind.
Und andere begleiten uns, wie es im Predigttext heißt. Begleitet sind wir von einer „Wolke von Zeugen“, von Glaubenden, die auch auf dem Weg sind. Ganz normale Menschen sind es, die Glauben leben. Hoffnungsträger sind es, die geduldig warten und beharrlich beten. Lichtgestalten sind es, die in ihrem christlichen Engagement für andere, Zuversicht und Hoffnung ausstrahlen, weil Hoffnung durch Zweifel und Glaube durch Anfechtung hindurchdringt und getragen wird. Beispiele sind sie, die meinen Glauben stärken.
Mit dem Volk Gottes, der Gemeinde Jesus Christi sind wir unterwegs, auf dem Weg Christi Entgegenkommen zu.

Da taucht die Frage auf:Wer wurde Ihnen Vorbild und Zeuge, begleitete sie?

Und wer stärkte mich auf meinem Glaubensweg? - Da war der Jugenddiakon, der mich in das Bibellesen einführte, die Freundin in der jungen Gemeinde, mit der ich über glaubwürdige Beispiele wie D. Bonhoeffer austauschte; da war auch die Gewissheit, dass in meiner Kirche seit Generationen Menschen gebetet und Abendmahl gefeiert haben und dies zusammen mit Gemeinden in der weiten Ökumene auch heute. Eine „Wolke von Zeugen“ geht mit und begleitet uns.
Menschen der Hoffnung sind wir. Auch Kirchenbotschafter sind wir - von unserer Kirche. Gemeinschaft der Hoffnung Christi ist sie auch für meine Enkel, für die Nachbarin, für den Freund im Tennisteam, den Kollegen in der Partei. Sie alle stehen unter der Verheißung Gottes.
Liebe Gemeinde, wir sind nicht allein.

Wir sind auf dem Weg. In Sünde und Schuld sind wir gewiss der Vergebung im Blick auf Jesu Tat „für mich“ am Kreuz. allein aus Gnade. In schweren Tagen wird zum Trost die Verbundenheit mit Jesus, der uns im „Glauben voranging“ gerade jetzt in der Karwoche. Im Aufsehen auf Jesus Christus vertrauen wir unserem mitleidenden Bruder und hoffen auf unseren auferstandenen Herrn. Es gibt Hoffnung für meine und unsere Zukunft.

In der Gemeinschaft mit ihm erweist sich der Glaube als „feste Zuversicht dessen, was man hofft“. Dazu helfe mir und uns der Vater unseres Herrn Jesus Christus. „Lasset uns mit Jesus gehen“. Amen.

Jes 52, 13 - 15; 53, 1 - 7a, 11b - 12: „Gott erhöht seinen leidenden Knecht“

Karfreitag 2021 in der Peterskirche in Heidelberg
Kurzpredigt

1. „Fürwahr, er trug unsre Krankheit und lud auf sich unsre Schmerzen. … Aber er ist um unsrer Missetat willen verwundet und um unsrer Sünde willen zerschlagen. ...“. Auswendig sagte ich diese Worte damals bei meiner Konfirmationsprüfung. Die Worte gruben sich ein ins Gedächtnis; sie blieben nicht nur auswendig Gelerntes. Mich persönlich betraf, was der heutige Tagesspruch verkündigt: „Also hat Gott die Welt geliebt, dass er seinen eingeborenen Sohn gab, damit alle, die an ihn glauben, nicht verloren sind, sondern das ewige Leben haben“ (Joh 3, 16). Unbegreiflich.

Später, liebe Gemeinde, lernte ich in Büchern, Vorträgen und Seminaren noch viel, wie dieser Text als geschichtlicher Bericht erklärt werden kann:
entsprechend zu Platon „leidendem Gerechten“, ein Märtyrer wie Sokrates durch Schierlingsbecher,
entsprechend zur Stellvertretung ein Exempel personalen und sozialen Zusammenlebens,
entsprechend zur Schuldübertragung ein Beispiel für die Regel der Sündenbocktheorie
ein Vorbild für die Empathie globalen Leids bei Mitmensch und Mitwelt
auch eine ästhetische Vorlage in Kunst und Musik oder für tiefenpsychologische und religionsgeschichtliche Diagnostik.
Auf diese Weise wird der Text ideengeschichtlich und gesellschaftskritisch analysiert, zu- und eingeordnet, verallgemeinert, „von außen“ aus der Distanz betrachtet und erklärt. Wird er verstanden? So fragte auch der Kämmerer aus Äthiopien in der Apostelgeschichte (Apg 8, 26ff).

2. Liebe Gemeinde, im 4. Lied des Gottesknechts ist es, den Prophetenbericht einrahmend, Gott, der hier spricht: „Seht her, mein Knecht wird ans Ziel kommen“, „ihm wird’s gelingen; er wird erhöht“. Das ist der Schlüssel. Der lebendige Gott, der Gott des Bundes mit seinem Volk Israel ist es, der hier spricht. Den leidenden Knecht, dessen ganzes Leben von Geburt bis zum Grab das eines unscheinbaren Verlierers, eines verabscheuten Dulders, eines gehorsamen Stellvertreters für die Schuldigen war, ihn erhöht Gott. Gott setzt ihn ins Recht. Wundern, ja, Entsetzen erregt dieses

Ereignis. Ungeheuerlich, einmalig, noch nie dagewesen ist es. Irgendwie ein Geheimnis.
Sünde, von der im Lied die Rede ist, verneint und zerstört die Gemeinschaft mit Gott und unter Menschen. Im Widerspruch von Eigenwohl und Gemeinwohl, im Kontrast von Gutes Wollen und Tun, im Konflikt von Visionäres Planen und Vollbringen wird Sünde erlebt. Als Gesetz wird sie erfahren, dass wir alle auf Kosten anderer leben. Als schuldhafte Verstrickung in Machtinteressen aus Vermessenheit und Lebensgier wird Sünde und Schuld manifest. Schuld aber muss ausgeräumt werden.
Der Gottesknecht, allein oder als Gemeinschaft verstanden, zieht in seiner Selbsthingabe das auf sich, was die Schuldigen verdient haben. Das ist das „umstürzend Neue", das bestürzende„Wunder", wie der Heidelberger Alttestamentler Claus Westermann sagt, dass das „verabscheute Leben eines gewöhnlichen Menschen in dem von ihm erlittenen Leid die Fähigkeit erhält, die Sünden anderer in sich aufzunehmen und damit deren Folgen, die Strafe, von den anderen abzuwenden" (Das Buch Jesaja. ATD 19, 217). Aber gerade das ist Gottes eigener Plan, Gottes aus jeden Rahmen fallendes, menschliche Vorstellungen umstürzendes Tun: das Ja zum Sünder und Nein zur Sünde.

3. Das Geheimnis, das Neue, das Skandalon Gottes erkennen wir im weltgeschichtlichen Drama des Karfreitag wieder: trotz des totalen Gegensatzes von Gottes Heiligkeit und der Menschen Sünde will Gott retten. In einseitiger Gemeinschaftstreue will Gott aus Liebe Versöhnung und Erlösung zugunsten der Menschen. Die vom sich selbst genügenden Menschen zerrissene Gemeinschaft mit Gott will Gott heilen. Gott solidarisiert sich mit den Nachtseiten der in Sünde und Schuld verstrickten Welt. Gott wird Mensch im Juden Jesus von Nazareth und identifiziert sich mit Jesus, dem Gekreuzigten, „ecce homo", kein leeres Kreuz. In Jesu stellvertretender Hingabe nimmt Gott Gemeinschaft auf und schafft neu Gemeinschaft mit den Menschen, die sich als mit Gott versöhnt wissen. „Gott ist Liebe und lässt die Welt erlösen. Dies kann mein Geist mit Schrecken und Entzücken am Kreuz erblicken" (EG 91, 4). Gottes Erbarmen ist groß. Gott schenkt Versöhnung und Erlösung allein aus Gnade.
Ein Geheimnis Gottes ist es, über das hinaus es kein größeres Geheimnis gibt: die Heilstat Jesu Christi am Kreuz, einmalig und universal. Sich in die Tiefe der Gnade zu versenken, das eigentlich meint ins Leben führender Glaube und ins Leben führende Theologie.
Gott aber rehabilitiert und erhöht den Gottesknecht, seinen eingeborenen Sohn, unsern erstgeborenen Bruder.

4. Er ist gerecht und bringt vielen die Gerechtigkeit, die gerecht macht. „Es ist vollbracht". Für mich persönlich gilt: „Das tat ich für dich". Durch Gottes Anrede bin ich angegangen, im Herzen betroffen und ergriffen. Im Glauben wird „angeeignet, was ins Herz dringt, so dass ich hoffe und nicht zweifle, dass ich annehme und vertraue, dass Christus für mich gelitten hat", verkündigt einmal M. Luther (WA 40

III, 738, 11 – 13). Christus übernimmt meine Ungerechtigkeit und schenkt mir seine Gerechtigkeit im Wechsel und Tausch. Versöhnung und Erlösung, Freude und Seligkeit schenkt er „durch des Sterbens Tor und die sonst des Todes Kinder führt zum Leben er empor“ (EG 93, 3). Gottes rechtfertigende Liebe in Jesus Christus geht mich an. Denn Gott liebt die Sünder, Bösen, Törichten und Schwachen, um sie zu Gerechten, Guten, Weisen und Starken zu machen. Und so strömt sie heraus … das die am Kreuz geborene Liebe des Kreuzes“, wie Luther in der „Heidelberger Disputation“, sagt (These 28 vom 26. 4. 1518).
5. Liebe Gemeinde, damals bei meiner Konfirmationsprüfung ging mich dieses Lied in Jes 52/53 innerlich an. Inzwischen nach Lehrveranstaltungen zur Heilsbedeutung des Todes Jesu und vielen pastoralen Diensten geht mir immer neu auf der Schlüssel für das 4. Gottesknechtslied: Gott es ist, der hier spricht. Der lebendige Gott des Bundes mit Israel, der sich im Kreuz Jesu Christi als der Liebende offenbart zu Versöhnung und Erlösung, er sagt: „Siehe, mein Knecht wird zum Ziel kommen. Er wird erhöht“. Gottes Rede durchbricht all die verallgemeinernden Deutungen und Erklärungen. Gottes Wort verheißt; es betrifft im Innersten; es ergreift das Herz: „Für dich“, „Für mich“, „Für euch“. Es ist der Leben verheißende Trost des „Gottes alles Trostes“ (2. Kor 1, 3), ein widerständischer, trotziger Trost gerade jetzt in Wochen der Pandemie.
Und, liebe Gemeinde, auch unser Trostwort wird da hineingenommen in dieses Trostwort des „Gottes alles Trostes“. Es verbindet mit dem Zu tröstenden, Anteil nehmend, konkret begleitend und geleitend. Generalisierende Sprüche und Erklärungen wie „Nur Kopf hoch“, „Es geht anderen auch so“, „Es könnte schlimmer sein“, usw. sind damit verwehrt. Nur die Unfähigkeit, mit zu trauern, zu trösten und zu versöhnen, findet da Rede.
Gott schenkt im Drama des Kreuzes Versöhnung und Erlösung, Heilung und Heil; er spricht Trost, der ins Leben führt. Gottes Rede im 4. Lied des Gottesknechts lässt uns da die schlichten und einfachen Lieder anstimmen: „Dein Kreuz ist unser Trost“ (EG 87, 3). „Lass mich an andern üben, was du an mir getan“ (EG 82, 7). „Ja, wir preisen deine Treu; ja, wir dienen dir von Herzen; ja, du machst einst alles neu“ (EG 93, 4).

Und der Friede Gottes, der höher ist als unsere Vernunft, der bewahre unsere Herzen und Sinne und Vernunft im Glauben an Jesus Christus unseren gekreuzigten und auferstandenen Herrn. Amen.

Joh 21, 1 – 14: „Der Auferstandene ist da in Gemeinde und Kirche"

Quasimodogeniti 2021 in Neulussheim

Kurzpredigt

„Gelobt sei Gott, der Vater unseres Herrn Jesus Christus, der uns nach seiner großen Barmherzigkeit wiedergeboren hat zu einer lebendigen Hoffnung durch die Auferstehung Jesu Christi von den Toten"; „Christus ist auferstanden. Er ist wahrhaftig auferstanden" und wirkt in der Gemeinde. Liebe Gemeinde, das ist die Botschaft vom Schüler des Evangelisten Johannes heute.

1. Nach den Ereignissen in Jerusalem hat der Alltag die Jünger wieder. Sieben von ihnen gehen ihrem Tagwerk nach mit Pflichten, Freuden und Sorgen dort am See Genezareth in der Nähe von Tiberias. Über Nacht fahren sie aus zum Fischfang. Aber das Netz bleibt leer. Der Ertrag der Anstrengung bleibt aus. Als sie am Morgen anlegen, erwartet sie ein Mann am Ufer: Begegnung mit einem Unbekannten. „Alles Leben ist Begegnung". Der Mann fragt: „Habt ihr nicht etwas Fisch zu essen?" Sie antworten „Nein". Da sagt der Fremde: „Werft das Netz an der rechten Seite aus. Dann werdet ihr etwas fangen". Ein törichtest Unterfangen ist es, jetzt am hellen Tag auszufahren. Alle fachmännische Erfahrung spricht dagegen. Dennoch, die Männer tun es. Sie folgen den Worten. Und tatsächlich, das Unwahrscheinliche geschieht: sie fangen viele Fische; das Netz ist voll.
Als sie wieder landen, brennt am Ufer ein Kohlenfeuer. Fische sind schon gebraten; Brot liegt schon bereit. Der Fremde lädt ein: „Kommt und esst!". Er nimmt das Brot und gibt es den Jüngern; er teilt den Fisch mit ihnen – da, wie bei den Jüngern bei Emmaus im Lukasevangelium, wissen sie, dass es Jesus ist. Christus ist auferstanden; er lebt; er ist da.
In dieser wundersamen personalen Beziehung von Fremdheit und Nähe kommt es zur Begegnung mit Jesus Christus, weil der Auferstandene selbst seine Nähe erfahrbar macht, sich zu erkennen gibt. Betroffen und ergriffen von ihm, glauben die Jünger. Traurige Enttäuschung, schuldhafte Skepsis, ängstliches Hinterfragen und arrogantes Erklären hat ein Ende. Die Jünger ahnen nicht nur, sie wissen: es ist der Auferstandene, der einlädt. Wie er als Geber und Gabe Gemeinschaft mit ihnen hat, bei und mit ihnen ist, so auch sammelt und erhält er durch seine Predigt vom Reich Gottes die Gemeinde.
Über Wissen und Verstand sind sie gewiss: Es ist der Herr. Und als der gegenwärtige Herr ist er da überall am Sonntag und am Alltag, in Freizeit und Beruf mit seinen Aufgaben und Pflichten. Glaube ganz. Glaube als Leben bestimmendes Vertrauen umfasst alle Bereiche. Glauben und Leben gehören zusammen. Wie Jesus Christus „Gottes Zuspruch der Vergebung aller unserer Sünden ist, so und mit gleichem Ernst ist er auch Gottes kräftiger Anspruch auf unser ganzes Leben" (Barmer theologische These 2). Davon erzählen die Apostel weiter; davon geben sie Zeugnis.

2. Liebe Gemeinde, auf Jesu Wort fahren die sieben Jünger erneut auf See, um zu fischen und dann als Apostel Zeugnis zu geben vom auferstandenen Christus als ihrem Herrn. Der Tod ist „verschlungen" in den Sieg: Christus ist Sieger. Der Tod des Todes zugunsten des Lebens.
Der Blick ist auf den Herrn gerichtet. „Du stellst unsere Füße auf weiten Raum" (Ps 31, 9). So geben sie Zeugnis von der „Hoffnung durch die Auferstehung Jesu Christi von den Toten" (1 Petr 1, 3) und vom neuen Leben in der Gemeinschaft mit ihm.
„Eine freudige Nachricht breitet sich aus" (EG 649). Das Evangelium ergreift die Herzen der Menschen und schafft Glauben. Menschen werden gesammelt und sammeln sich lokal und global im weiten Raum der Ökumene. 153 Fische haben die dem Ruf Jesu folgenden Jünger beim Fischzug gefangen. Seit dem Kirchenvater Hieronymus wird diese Anzahl als Bild für die Fülle interpretiert.
Mitgenommen in die Nachfolge Jesu, verkündigen die Jünger das Evangelium bis an die Enden der Erde; viele, sehr viele glauben der Predigt von der Hoffnung in der Verbundenheit mit Jesus Christus. Menschen „letzter" und „vorletzter" Hoffnung sind sie auf ihren Auferstehungswegen:

der „letzten“ Hoffnung durch Gottes alleinige Tat in der Auferstehung Jesu Christi zur Auferweckung der Toten,
und der „vorletzter“ Hoffnung als Mitarbeiter in der von Gott erhaltenen Welt für mehr Frieden, mehr Gerechtigkeit und für mehr nachhaltig gepflegte Mitwelt.

3. Liebe Gemeinde, vielstimmig und vielgestaltig wirkt der Auferstandene in Gemeinde und Kirche. In dieser österlichen Erzählung berichtet der Schüler des Evangelisten Johannes zum einen vom Jünger Johannes: beliebter und liebenswerter Begleiter Jesu war er; so war er ihm nah. Auf dem Berg der Verklärung war er dabei. An der Seite Jesu saß er beim letzten Abendmahl. Unter Jesu Kreuz stand er zusammen mit der Mutter Maria und mit Maria Magdalena. Er rannte, auf die Nachricht der entsetzten Frauen, los und kam als erster beim leeren Grab an. Und nun in diesem Bericht erkennt er den Fremden zuerst als den auferstandenen Herrn.
Zum anderen wird von Simon Petrus erzählt: der bekennt sich überschwänglich zu Jesus, den Christus; dreimal erklärt er seine überschäumende Liebe zu Jesus. Ein Hitzkopf ist er. Denn wenig später verleugnet er dreimal die Zugehörigkeit zu Jesus. Er ist es dann, der im Wettlauf mit Johannes als erster das leere Grab betritt. Und nun in diesem Bericht stürzt er sich im Übereifer in den See, um vor den anderen bei Jesus zu sein. Fels der Gemeinde und Kirche zu sein, wird ihm versprochen.
Verschieden sind diese Apostel, unterschiedlich ihr Charakter und ihre Begabung. Verschieden sind auch die, die im apostolischen Auftrag predigen und Gemeinde pflanzen. Unterschiedlich sind die Menschen, die Gemeinschaft mit Jesus Christus in der Kirche haben: Fromme und Liberale, Starke und Angefochtene, Männer und Frauen, Junge und Alte, Kranke und Gesunde, Reiche und Arme, Gewinner und Verlierer; Menschen unterschiedlicher Hautfarbe, Kultur, Sprache, Beruf und Tätigkeit – wie „neugeboren“ sind sie durch den Glauben an ihren auferstandenen Herrn. „Ein Herr, ein Glaube, eine Taufe“ verbindet sie (Eph 4, 5) – bei Durchhalten all der Konflikte und auch im Streit.
Gemeinschaft in und durch Vielheit kennzeichnet die Gemeinde Jesu Christi am Ort und in der weltweiten Ökumene. So auch unsere Evangelische Landeskirche in Baden an ihrem 200. Geburtstag.

Der Auferstandene wirkt in der Gemeinde und Kirche. Im Hören auf das biblische Wort und im antwortenden Gebet, in der Feier des Abendmahls als Antwort auf die gemeinsame Taufe, in Zeugnis und Dienst mit einander und für andere sind sie unterwegs, getragen von der Hoffnung, die in der Auferstehung Jesu Christi verheißen und gepriesen wird: „Gelobt sei Gott, der Vater unseres Herrn Jesus Christus, der uns in seiner großen Barmherzigkeit wiedergeboren hat zu einer lebendigen Hoffnung durch die Auferstehung Jesu Christi von den Toten“.

Und der Friede Gottes, der höher ist als unsere Vernunft, der bewahre unser Denken und Tun im Glauben an unseren Auferstandenen Herrn Jesus Christus, Grund aller Hoffnung. Amen.

Jona 1 und 2: „Gottes Humor – Gott lächel“
Exaudi (16. 5, 2021) in der Peterskirche in Heidelberg
Kurzpredigt

„Die Situation ist ernst“ - eine Warnung, die in den zurückliegenden Monaten erging. Ja, sie war und sie ist ernst. Sie konnte einem den Boden wegziehen und den Atem rauben, wenn da nicht auch das Andere wäre: Humor.
Was meint Humor? „Humor ist der Knopf, der verhindert, dass der Kragen platzt“, wie ein Sprichwort sagt. Ein zum Lächeln reizender Humor. Als springender Punkt des zum Lächeln reizenden Humors erweist sich die Komik einer Alltagserfahrung. Sie spiegelt sich im heiteren Minenspiel und in zustimmenden Anteilnehmen. Der heitere Ernst des Humors, der entlastet und frei macht.

1. Davon zeugt die biblische Erzählung von Gottes Geschichte mit dem Propheten Jona. Es ist eine Novelle aus der 2. Hälfte des 4. Jahrhunderts vor Christi Geburt.
Gott ruft den Propheten Jona. Es ist der lebendige Gott, der Jona nach der Stadt Ninive sendet. Er soll sich aufmachen hin zu den Menschen, die Gott vergessen haben. Jona soll gehen zu den Menschen mit Sorge, Sehnsucht und Schuld. Jonas soll sie zur Umkehr rufen.
Doch Jona tut sich schwer und tut sich so wichtig. Der Auftrag ist ihm zu gewichtig, weil er nur auf sich schaut, und dabei sich selbst für wichtig nimmt. Er widersetzt sich. Er verweigert sich. Wie ein pubertierender Trotzkopf schlägt er genau die entgegensetzte Richtung ein. Er bricht auf nach Tarsis. Er rennt. Er irrt. Bloß weg dahin, wo Gottes Stimme ihn nicht erreichen möge. Von der Hafenstadt Jafo segelt er los über das weite Meer.

„Aber“ der Herr entlässt den Propheten nicht; er bleibt Jona nah. Gott lässt Wind und Sturm losbrechen (1, 4). Die Wellen schlagen hoch. Das Schiff droht zu kentern. Kapitän und Mannschaft forschen voll Angst nach dem Schuldigen.
In Unglück und Not wird der Schuldige gesucht.
Auf dem in Seenot kämpfenden Schiff fragt man: „Was sollen wir tun?“ Erkundet hatte man, dass Jona auf der Flucht ist vor seinem Gott. Auch gesteht Jona seine Schuld. Ja, er ist bereit, das Schiff und die Besatzung durch sein persönliches Opfer zu retten: „Nehmt mich und werft mich ins Meer“ (1, 12). Gleichwohl versuchen die Seeleute sich zunächst aus eigenen Kräften zu retten. Vergebens. Das Unwetter bricht über sie. Da beginnen sie zu beten. Religiös unmusikalisch sind sie und irgendwie normal, fromm sind sie und lebenserfahren.
Sie beten, wie immer in Gefahr und Angst der Ruf nach Gott laut wird, wie erst am tiefsten Punkt im Leben wir uns Gott nähern.
Sie ahnen und wissen, dass da eine höhere Macht ist, von der sie abhängig sind und die sie unbedingt angeht gerade jetzt. Sie schreien den Gott-Ruf: „Herr, höre meine Stimme“ hinaus gegen den Sturm. Dann übergeben sie Jona dem Meer: Sündenbock durch Schuldübertragung und Schuldübernahme ist er. Und zur allseitigen Befriedung beruhigt sich das Meer.

2. Die Geschichte zwischen Gott und Jona erfährt nun einen weiteren Spannungsmoment: „Aber“ der Herr schickt einen gewaltigen Fisch, wird erzählt. Der verschlingt Jona. Drei Tage und drei Nächte verbringt dieser gefangen im Bauch des gewaltigen Tieres. Und unwahrscheinlich und irgendwie kurios, aus finsterem Bauch wendet sich der Prophet an seinen Gott, er klagt; er schreit zum Herrn: das Wasser steht ihm bis zum Hals. Er schnappt nach Luft. Die Tore des Todes schließen sich. Seinem Leben entschwindet Zukunft.

Und da, da kommen über Jonas Lippen - angesichts der komischen Situation eigentlich unvorstellbar - Worte der Zuversicht: „Du aber, aber du Herr, bist ja mein Gott“. Es deutet sich da irgendwie an die Glaubensheiterkeit im Vertrauen auf Gott.
Der Prophet Jona erinnert an Gottes Gemeinschaftstreue, er verlässt sich ganz auf den Herrn.
Wer sich klammert an Nichtiges, eigenwillig, oder an von Menschen Gemachtes und Erdachtes, sein Herz daran hängt, der verliert das, was letztlich trägt, Hilfe und Heil schenkt. Jona bekennt gegen die Finsternis: „Hilfe finde ich bei dem Herrn!“ (2, 10).
Und die Komik steigert sich: Jona singt aus voller Kehle und der ganze Fisch ist voll Gesang. Wie in einem Dom schallt und hallt es.
Der Herr „aber“ befiehlt dem Fisch, Jona auszuspucken ans Land (2, 12). Jona ist gerettet. Wunderbar! Märchenhaft! Gottes Güte ist immer noch größer.

Dreimal spricht Gott das „Aber“ in dieser Geschichte mit Jona. Dreimal ruft er Jona. Gott geht Jona nach und zugleich voraus. Er lässt ihn nicht aus den Augen. Obwohl Jonas sich schwer tut, in sich verkrümmt – Gottes Güte bleibt ihm nah. „Nähme ich Flügel der Morgenröte und bliebe am äußersten Meer, so würde auch dort deine Hand mich führen...“ (Ps 139, 9f). Denn du bist bist bei mir.
Gott ist uns näher als wir uns selbst sind. Auch wer Gottes Geschichte mit sich abbrechen will, den überlässt Gottes „Aber“ nicht sich selbst und seinem Schicksal. Kein vernichtendes Aber ist es. „Das geknickte Rohr wird er nicht zerbrechen“ (Jes 42, 3). Gottes Wege sind anders, seine Gedanken höher (Jes 55, 8). Es ist das „Aber“ der Liebe Gottes.

3. „Der Mensch denkt sich einen Weg; aber Gott lenkt seine Schritte“, sagt das alttestamentliche Sprichwort von der Furcht Gottes als Anfang aller Weisheit (Spr 16, 9). Darum wendet sich die Klage in Zuversicht: „dennoch vertraue ich darauf, dass du gnädig bist“ (Ps 13, 6); „aber du, Herr, sei nicht fern; eile mir zu helfen“ (Ps 22, 29).
Gottes Güte und Erbarmen ist immer größer, liebe Gemeinde, selbst wenn wir uns verschließen, an einem Auftrag scheitern wie Jona.
Der lebendige Gott – und das ist der springende Punkt der Jona-Novelle – der lebendige Gott ist es, der sich selbst erfahrbar macht: „Gott, barmherzig und gnädig und geduldig und von großer Güte und Treue“ (Ex 34, 6). Gegen alles, was sich schwer tut, der Schwere nicht gewachsen fühlt oder sich zu gewichtig nimmt, spricht Gott das befreiende „Aber“. Gottes Liebe mischt sich ein, durchkreuzt den eigenwilligen Weg und eröffnet Neues.
Gott spricht sein gütiges „Aber“ mit Anteil nehmendem Humor über Jona, der nur auf sich schaut und sich so wichtig nimmt.
Papst Johannes XXIII. war es, der von einem um Rat bittenden jungen Bischof erzählt, der vor der Gewichtigkeit der Aufgabe zurückschreckt; bis in den Schlaf verfolge ihn, dass er den Dienst auf Dauer nicht bewältigen könne. „Auch mir erging es so“, antwortete der Papst, „Einmal bin ich eingenickt. Da erschien mir ein Engel im Traum und ich erzählte ihm meine Not. Darauf sagte der Engel: ´Giovanni, nimm dich nicht so wichtig`. Seitdem kann ich wunderbar schlafen“.
Glaubensheiterkeit hier, wie sie auch K. Barths Bekennen in den letzten Stunden seines Lebens durchstrahlt: „Gott ist im Regiment“.

In der Erzählung von Jona platzte Gottes Kragen nicht. Ein heiteres, wenn auch nicht unbeschwertes, Lächeln Gottes, von dem Psalm 2, 3 singt, scheint über dem Propheten, der sich selbst schwer tut. „Wir sollen Mensch sein und nicht Gott; das ist die Summe“ des 1. Gebotes (M. Luther).

Gottes liebendes Lächeln offenbart sich einzig in Jesus, Gottes eingeborenen Sohn, unserm erstgeborenen Bruder:
Für Jesus war Jonas Rettung aus dem Bauch des gewaltiges Fisches das Zeichen für seine „Auferstehung am dritten Tag“ (Mt 12, 39, 41): Christus ist Sieger, der Befreier von der Macht der Finsternis und des Todes zugunsten des Lebens.
Die Liebe Gottes ist da „für uns“; ihm sind wir bleibend wertvoll. „Herr, deine Güte recht so weit der Himmel ist“ (Ps 27, 6).
„Hilfe findet ich beim Herrn“, singt Jona im Bauch des Fisches (2, 10). Auch mit uns hat Gott immer noch etwas vor, selbst wenn wir uns schwer tun, vielleicht weil wir uns zu wichtig nehmen.

Und der Friede Gottes, der höher ist als unsere Vernunft, der bewahre unsere Herzen, unsere Vernunft und unser Tun im Glauben an Gottes Güte und Erbarmen. Amen. EG 277, 1, 2, 4

Jes 60, 1 – 6: „Es gibt eine Hoffnung für deine Zukunft“

Kurzpredigt an Epiphanias (6. 1. 2021) in der Peterskirche in Heidelberg
Kurzpredigt

1. Liebe Gemeinde, noch im Schein von Weihnachten, am Beginn des neuen Jahres 2021, am Epiphaniasfest,
da öffnet diese Verheißung den weiten Horizont der aufgehenden Sonne, den Raum des neuen Jahres, die weltweite Ökumene. Denn „das ewig Licht scheint da herein“ (1 Joh 2, 8b). „Dein Licht kommt“, das aufgehende Licht aus der Höhe für dich. „Mache dich auf, werde Licht. Denn dein Licht kommt“ „Liegt nicht in der Schönheit dieser Verse schon Trost?, fragt „Die Zeit“ vor Weihnachten (Evelyn Finger, Die Zeit vom 17. 12. 2020, 64).
„Dein Licht kommt. Mache dich auf, werde Licht“. Liegt in der Schönheit dieser Verse an Epiphanias nicht schon Zuversicht und Hoffnung?, frage ich.

Der Zyklus von Dunkel und Hell, von Nacht und Tag wird in Gottes Heilsgeschichte hineingenommen: das Licht, „Licht vom Licht“ scheint in der Finsternis. „Das wahre Licht scheint jetzt“ (1. Joh 2, 8b) nicht allein in Pandemie und Impfaktion, auch in die Leben verwundende und zerstörende Infektion durch Sünde und Tod. „Dein Licht kommt“. Es gibt eine Hoffnung für deine Zukunft in Zeit und Ewigkeit.

2. „Siehe, Finsternis bedeckt das Erdreich und Dunkel die Völker“ sagt an der, den alttestamentliche Wissenschaftler Tritojesaja nennen. Mit dem „Aber“ dessen, der ihn berufen hat, prophezeit er: werde Licht, weil dein Licht kommt von einem Anderen her. Es ist der lebendige Gott, der in diesem Licht seine Herrlichkeit aufgehen lässt.

Angeredet sind die Heimgekehrten aus der Babylonischen Gefangenschaft. Endlich! - Doch in der Heimat: keine blühende Landschaft. Vielmehr konfliktreiche

Besitzansprüche. Eigeninteresse war stärker als Gemeinschaftsinteresse. Der eigene Vorteil wurde auf Kosten anderer durchgesetzt. Verlierer war das Wir.
Und Jerusalem und der Tempel? Aus Ruinen aufgebaut; doch wie armselig und bedrückend. Das Gemüt und den Blick verfinsternd, verfinsterte dies auch die Beziehung mit Gott. Finsternis erfüllt die Erde und bedrückt die Menschen.
Da nun die Verheißung Gottes: „Dein Licht kommt", das schöpferisch-aufklärende Licht. Wie der Schöpfer am Anfang das Licht von der Finsternis schied, wie der heilige Gott aus dem Licht des brennenden Busches Mose beauftragte zur Freiheit aus der Knechtschaft Ägyptens - so auch jetzt: sein Licht geht auf. Gott schafft Neues.
Heilvolle Ereignisse der Vergangenheit, vergegenwärtigt, werden als Zukunft verheißen.
Und „die Herrlichkeit des Herrn geht auf über dir". Gottes leuchtendes Hintergrundlicht bringt die Wiederkehr des Glanzes. Wie Gott, Immanuel, seine helfende Macht zeigte bei der Rettung am Schilfmeer, bei der wundervollen Bewahrung des Bundesvolkes in der Wüste durch Manabrot und frisches Wasser, so wird jetzt seine Herrlichkeit transparent werden in der Gemeinschaft globaler Ökumene. Mit der Verheißung an Abraham: „In dir sollen gesegnet werde alle Geschlechter der Erde" wird Gottes Herrlichkeit widerstrahlen in den Gesichtern der Menschen und ihren Dankesgaben.
Es gibt eine Hoffnung für deine Zukunft als Zu-Kommen Gottes.
So ruft der Prophet zu Buße und Erneuerung, zu Hinkehr zu Gott und zu seinem Willen für Recht und Gerechtigkeit.

3. Liebe Gemeinde an Epiphanias, Gottes Bundes- und Heilsgeschichte erfüllt sich im Krippenkind, unscheinbar und doch angesichtig im Schein des Sterns über Bethlehem, und im Mann am Kreuz da, als „die Finsternis über das ganze Land kam" (Lk 23, 44) und unsere Sünde und Schuld spiegelte. Zeichen des Gerichts und Erbarmens, Ruf zur Umkehr, Metanoia, und Zuspruch der Vergebung!
Epiphan wird das Reich Gottes in Jesus Christus: Mitte und Erfüllung der Zeit! Das wahre Licht scheint schon in dem, der spricht: „Ich bin das Licht der Welt" (Joh 8, 12). Und durch ihn haben auch wir Anteil an Gottes Heilsgeschichte mit Israel. „Gnade um Gnade" empfangen wir alle von ihm.
Es gibt eine Hoffnung für deine Zukunft, für dich und mich. Ganz persönlich, mein und dein Herz berührend und bewegend wendet er sich uns zu, zu mir und dir. Und „in seinem Licht sehen wir das Licht" (Ps 36, 10).
Oft ist es der Schimmer einer gebrochenen Glasscherbe. Und dennoch „seine Herrlichkeit geht auf über dir".
Und wir? - Zum Lobe Gottes sind wir da.
Du hast mich heimgesucht bei der Nacht. Und die Mitte der Nacht ist der Anfang des neuen Tages; das Licht wirft er voraus auf Gottes Kommen zu dir.

4. „Mache dich auf. Werde Licht!"
„Deine Strahlen fassend" scheint wider als „wertes Licht des Glaubens" im Leben der weltweiten Gemeinde, epiphan, erfahrbar, erkennbar: in der Hinwendung zu Gott, im Lobpreis Gottes, und im Spiegel seiner Herrlichkeit, eben in Gottes unser Leben beeinflussende Macht der Liebe: Lebenselexier auch gesellschaftlichen Zusammenlebens. "Du stellst unsere Füße auf weiten Raum" (Ps 31, 9).

Die Gemeinde, die einzelnen Christinnen und Christen weltweit, haben Teil an Gottes Liebesgeschichte in Zeugnis und Dienst.
Es gibt eine Hoffnung für die Zukunft unserer sich verändernden, auch kleiner werdenden Kirche.
In der Erklärung „Zukunft einer aufgeschlossenen Kirche: Hinaus ins Weite – Kirche auf guten Grund" sagen die 12 neuen Leitsätze des EKD prophetisch: In der Verbundenheit mit Jesus Christus, im Vertrauen auf das Kommen des heiligen Geistes und im Tun der Liebe sind die Gemeinde und Kirche gesandt, „Licht zu werden" zum „Lob der Herrlichkeit Gottes". Und die Gesandten werden mitbringen viele, die von Gottes Liebe persönlich angesprochen und berührt sind. Ihr Zeugnis findet Resonanz, hallt wider und kehrt zurück.
Man pilgert hinaus dorthin, wo Gottes Licht sich in der weltweiten Ökumene finden lässt. Und sie kommen aus allen Richtungen, weil – wie beim Volk Israel in der Wüste - Gottes Herrlichkeit mit ihnen geht. Welch eine Verheißung!

5. Liebe Gemeinde, sie kommen in Freude und bringen ihre Gaben. Im Widerschein verheißenen Lichts und im Widerhall der Botschaft von Gottes Herrlichkeit kommen sie. Wie die Weisen aus dem Osten dem Stern folgen und Gold, Weihrauch und Myrre bringen, so bringen sie ihre Gaben: das, was sie haben, wenig oder viel, Begabung, Kompetenz, Fähigkeiten zum Bau der weltweiten Gemeinde Christi aller Sprachen und Kulturen. Erkennbare Zeichen und Transparente in der Mitwelt sind es.
Erkennbar, wie mein Abzeichen vom „Kreuz auf der Weltkugel" am Revers seit meiner Zeit in der jungen Gemeinde; es macht ansprechbar.
Erkennbar, wie das stille Gebet des Studenten aus Ghana in der Mensa; es lässt andere fragen, nicht immer, aber manchmal.
Erkennbar, wie das kreative Engagement von Kommiliton*en konkret für die Bewohner im nahen Seniorenheim während corona-Zeit, für ferne Mitmenschen in Elendcamps auf Lesbos und für die Kriegsflüchtlinge in Tigray/Äthiopien, für eine Spiritualität des Genug.
Erkennbar, wie die Zuversicht und Hoffnung ausstrahlende Universitätsgemeinde und die christlichen Ausländergruppen in ihr – ein Hinweis irgendwie auf das Zepter der Ruperto-Carola: vier Gestalten, die die klassischen Fakultäten, auch die Theologie neben Jurisprudenz, Medizin, artes liberales, repräsentieren, verharren in Demut und

Ehrfurcht vor einer Figur in der Mitte: Jesus Christus, das aufklärende Licht des lebendigen Geistes.

„Mache dich auf, werde Licht!“
„Denn dein Licht kommt. Und die Herrlichkeit des Herrn erscheint über dir“. Weiten Horizont und Raum öffnet die Epiphanie Gottes.
„Es gibt eine Hoffnung für deine Zukunft, spricht der Herr“ (Jer 31, 17).
Und der Friede Gottes, der höher ist als alle Vernunft, der bewahre unsere Herzen und Sinne und unser Tun im Glauben an Jesus Christus, Grund unserer Hoffnung. Amen.

Jes 43, 1: „ Fürchte dich nicht“

Predigttext: „ Und nun spricht der Herr, der dich eschaffen hat, Jakob, und der dich gemacht hat, Israel: Fürchte dich nicht, denn ich habe dich erlöst; ich habe dich bei deinem Namen gerufen; du bist mein“.

Kurzpredigt am 19. 7. 2020 in Leimen

So, liebe Gemeinde, verkündet der Prophet Menschen in Bedrängnis. Niedergedrückt von Sorgen, orientierungslos im Blick auf Zukunft sind sie. Ausgeliefert erfahren sie sich einer Furcht, die alles mit sich nimmt und das ganze Leben bestimmt.
Da ruft der Prophet im Auftrag Gottes: „Fürchte dich nicht!“
Die Wende ist da!
Worte mit verändernder Macht sind es. Mit ihnen und durch sie kommt die Wende.
Es sind Wirkworte, die tun, was sie ansagen.

So mancher von uns erinnert sich: an den Abend in der Prager Botschaft am 30. 9. 1989. Vom Balkon spricht Außenminister Genscher die Worte: „dass heute ihre Ausreise ...“, das weitere übertönt der Jubel derer, für die sich Tore öffnen. Oder denken wir an den 9. 11. 1989: Im Ostfernsehen spricht das Mitglied des Politbüros der SED Schabowski zum Entscheid über „ständige Ausreise aus der DDR: „Nach meiner Kenntnis ist das sofort, unverzüglich“. Worte, die Mauern überwinden lassen.

Die Wende ist da! Gesprochen oder gedacht – wir kennen das: „Das Fieber sinkt“, „Der Krebs ist gutartig“, „Die Infizierung ist negativ“ oder nach Komplikationen in der Schwangerschaft: „Der Neugeborene ist wohl auf und gesund“. Worte, die Zukunft eröffnen sind es, Worte, die wirken, was sie sagen.

2. Die Wende ist da! Liebe Gemeinde, als Christen singen wir mit einem unserer Lieblingslieder aus tiefem Herzen und voller Kehle am heiligen Abend: „Christ, der Retter ist da!“ „Euch ist heute der Heiland geboren“. „Fürchtet euch nicht!“ Erinnern und Hoffen verbinden sich hier.
Rückwärts erinnern und vorwärts leben in Hoffnung prägen das Leben von uns Christen. Jeder Sonntag als Tag der Auferstehung unseres Herrn Jesus Christus eröffnet neu den Lebensweg vor und mit Gott.
Für mich, auf meinem Lebensweg, wurde in besonderen Situationen mein Tauf- und Konfirmationsspruch im rückwärts Erinnern und vorwärts Hoffen solch Wirkwort : „Es ist gut, dass das Herz gewiss bleibt; welches geschieht durch Gnade“. Als Zusage kräftig begegnete mir in Epidemiezeit an einer Hauswand: „Gott hat uns nicht einen Geist der Furcht gegeben, sondern der Kraft, der Liebe und der Besonnenheit“ (2 Ti 1, 7). Für einen andern mag da leise erklingen „Befiehl du deinen Wege ...“ (EG 361) oder „Es gehe, wie es gehe; dein Vater in der Höhe, der weiß zu allen Sachen Rat“ (EG 368, 7).
„Fürchte dich nicht, denn ich habe dich erlöst. Ich habe dich bei deinem Namen gerufen. Du bist mein!“, so die Worte des Propheten an die Bedrängten. Er erinnert an Gott, der Schöpfer, und an die Bundestreue und rettende Hilfe für sein Volk. „Du bist mein!“ Wir erinnern uns an Gottes neuschaffende Kraft, an seine rettende Liebe in Jesus Christus für einen jeden von uns. In unserer Taufe wurde uns zugesagt : „Du bist mein!“ So, vorwärts hoffend, hat Gott immer noch etwas vor mit uns. „Du stellst unsere Füße auf weiten Raum“ (Ps 31, 9). Gottes Verheißung und Glaube sind aufeinander bezogen. Und Worte wirken. „Wie der Regen vom Himmel kommt … so soll das Wort, das aus meinem Munde geht auch sein. Es wird nicht wieder leer zurückkommen, sondern wird tun, was es sagt und verheißt (Jes 55, 10f).

3. „Fürchte dich nicht!“ Liebe Gemeinde, diese Verheißung Gottes eröffnet einen noch weiteren Horizont. Er weist über die uns gegebene Lebenszeit mit Bedrängnis und Leid, mit Glück und Segen, weit über die Spannen von Raum und Zeit hinaus. Da spricht Gott, der Schöpfer und Neuschöpfer: „Siehe, ich mache alles neu!“ (Offb 21, 5) Menschen, Erde, Kosmos. Da ist Gott alles in allem (1 Kor 15, 28). Teilhaben wir durch Christi Erlösungstat in seiner Auferstehung. Überwunden hat er die Macht der Bedrängnis und des Leids, der Sünde und des Todes. „Du bist mein“ – jetzt und in Ewigkeit.
Darum erschallt immer wieder die den biblischen Zeugnissen Gottes Verheißung „Fürchte dich nicht!“
Und davon dürfen und können wir weitererzählen, Zeugnis und Rechenschaft geben in Familie und Gesellschaft, in unserer „kleiner werdenden Kirche“: „Du bist mein“ spricht der auferstandene Christus, unser Bruder und Herr. Amen.

Jer 1, 4 – 10: „Vertraut den neuen Wegen“

Kurzpredigt zum 9. So. n. Trin. (9. 8. 2020) in Leimen

1. „So vieles ist anders. Vieles wird sich ändern“ - dieser Satz begegnet mir jetzt immer wieder: Veränderungen im Persönlichen, in Gesellschaft und auch in unserer Kirche. Doch sich verändern ist schwer. Das erfahren wir im Persönlichen: die Abkehr vom Gewohnten, da zögert man, sperrt sich, schaut ängstlich auf Probleme und Hindernisse. Wer nicht?, liebe Gemeinde. Übrigens auch ich!.

Da erfahren wir im Gesellschaftlichen und auch in unserer Gemeinde und Kirche: das Festhalten am Geregelten; da schiebt man kleinmütig vor sich her, scheut die Entscheidung, ist voller Skrupel. Manchmal schleichen sich Selbstsicherheit und Selbstzweifel, oder auch Bequemlichkeit und Gleichgültigkeit ein.

Das war im gehörten Bibelabschnitt beim Propheten Jeremia auch so. Er wendet ein, er widerspricht wie Mose, er zaudert wie Petrus, er erschrickt wie Paulus.

Und da heißt es in der Berufungsgeschichte des Jeremia: Gott spricht, auf dass wir Menschen von Gott und Gottes Willen sprechen vor und mit anderen.

Es geht um die Wirklichkeit Gottes, des lebendigen Gottes, heilig und voller Erbarmen. Sein Heil und sein Wille sollen kund werden in einer Zeit der Veränderung, der Unterbrechung, der Herausforderung – so auch im Persönlichen und in einer Situation an Zahl „kleiner werdender Kirche“ heute. Da ist Gottes Ruf zur Veränderung, Umkehr und Wende.

Der Ruf von der Wirklichkeit Gottes, von seinem Erbarmen und seinem Willen heute zu reden, er eröffnet neue Perspektiven, er schafft Neues. Er inspiriert und verändert Gemeinde und Kirche; er weist und begleitet den Weg von Gemeinde und Kirche, ihr Reden und Planen, Entscheiden und Tun.

2. Liebe Gemeinde, es ist das schöpferisch verändernde Wort Gottes auf dem Weg des wandernden Gottesvolkes. Dieser Weg des wandernden Volkes Gottes, das als Bewegung auch Institution und Organisation ist, wird von Erinnern und Hoffen bestimmt: rückwärts erinnern und leben in Hoffnung.

Keine bleibende Stadt hat das Volk Gottes; aber ein guter Grund ist dieser Kirche gegeben. Ihn gilt es zu er-innern. Dieser Grund ist Jesus Christus (1 Kor 3, 11; Apg 4, 12). Gebaut auf diesen Grund, in Rückbindung an das Evangelium, erkennt der Glaube die nächsten Schritte, gerade auch neue. Von Gott angesprochen, bleibt das Gottesvolk in Bewegung und zielorientert auf den Weg. Die Verheißung Gottes ist ihr Lebenselixier.

Rückwärts erinnernd und vorwärts lebend sind die von Menschen gemachten kirchlichen Strukturen und Ordnungen immer Veränderungen unterworfen: da werden liebgewordene, aber viel zu große Gemeinderäume umgebaut; da wird das, was immer schon war, hinter sich gelassen und Neues, etwa im Internet und anderen Medien, entwickelt; da bricht durch „Beten, Tun des Gerechten und Warten auf das Zukommen Gottes“ die Weite des Reiches Gottes ein in die Kirche. „Du stellst unsere Füße auf weiten Raum“ (Ps 31, 9).

Selbstbezügliches und Selbstdarstellendes weicht. Die Gegenwart Christi und die neuschaffende Kraft des heiligen Geistes gewinnt Raum. Neu wird gehört auf den lebendigen Gott, neu wird von Gott und zu Gott geredet in einer sich von Gott entfernenden Gesellschaft: Erinnern an die Verheißung Gottes, der sich in Jesus Christus als der Liebende offenbart hat, und Hoffen auf den neuschaffenden Geist Gottes, durch dessen Wirken die Gemeinde und Kirche mit ihrem Reden und Tun ein Zeichen des Reiches Gottes ist in der Welt.

3. Zum Propheten Jeremia, in dessen Zaudern und Unsicherheit sprach Gott: „Fürchte dich nicht. Ich bin mit dir!“ zu. So sprach Gott in schwierigen Situationen immer wieder zu seinem Volk. So verheißt der auferstandene Christus der Jüngerschar: „Fürchtet euch nicht. Ich bin bei euch alle Tage bis an das Ende der Welt“ und so verheißt er auch uns, unserer Gemeinde und Kirche heute. So spricht unser gegenwärtiger Bruder und Herr. Und er lässt uns antworten: „ Denn Du bist bei mir“. Verheißung und Glaube, unser Er-Innern der Verheißung Gottes und unser vorwärts gelebtes Hoffen verbinden sich in dieser Zusage: „Ich bin bei euch. Ich bin bei dir! Ich bin be euch!“
M. Luther erzählt davon im Gleichnis vom Amaranthus: „ Amaranthus wächst im August und ist mehr ein Stengel denn ein Blümlin; lässt sich gerne abbrechen und wächst fein fröhlich und lustig daher. Und wenn nun alle Blumen vergangen sind und dies mit Wasser besprengt und feucht gemacht wird, so wirds wieder hübsch und grün, dass man im Winter Kränze daraus machen kann. Ist Amaranthus daher genannt, das nicht welkt und verdorrt.
Ich weiß nicht, ob der Kirche etwas möge gleicher sein denn Amaranthus, diese Blume, die wir heißen Tausendschön … Zudem lässt sich die Kirche auch … berupfen, das ist, sie ist Gott willig und gehorsam in Bedrängnis, ist darinnen geduldig und wächst wiederum fein lustig. … Endlich bleibt ihr Leib und Stamm ganz, und kann nicht ausgerottet werden … Denn gleich wie Amaranthus, Tausendschön, nicht welkt noch verdorrt, so auch die Kirche nicht. Was ist aber wunderbarlichers denn der Amaranthus? Wenns mit Wasser besprengt und drein gelegt wird, so wirds wieder grün und frisch, gleich als von den Todten auferweckt“ (WA TR VI, 184f).
Gottes Verheißung wird tun, was sie sagt. Das erfuhr Jeremia, der Prophet: So auch wir. Bleiben wird die Kirche (CA VII) durch das Wirken des heiligen Geistes und durch unser Engagement, bis an den Tag, den Gott bestimmt.
Gottes Ruf an uns darum: Die Zukunft der Kirche liegt allein bei Gott; mitverantwortlich für ihre Zukunft sind auch wir.

Und der Friede Gottes, der höher ist als unsere Vernunft, der bewahre unser Herz, Sinn, Verstand und alles Tun im Glauben an Jesus Christus, unseren Bruder und Herrn. Amen.

Sacharja 9, 9f : „Freude der Buße“

Kurzpredigt am 1. Advent (29. 11. 2020),
in der Peterskirche in Heidelberg

Lied: NL 116

1. Im Kindergottesdienst hörte ich ihn; im Konfirmandenunterricht lernte ich ihn auswendig: alle Jahre wieder vernahm ich ihn im Advent: den alttestamentlichen Ruf „Du, Tochter Zion, freue dich, und du, Tochter Jerusalem, Jauchze! Siehe, dein König kommt zu dir, ein Gerechter und ein Helfer, arm und reitet auf einem Esel, auf einem Füllen der Eselin“. Selbstverständlich bezog ich damals die Weissagung direkt auf Jesus. Später bei Bibelarbeiten der jungen Gemeinde und dann im Theologiestudium erkundete ich mit kritischem Blick den historischen Zusammenhang.

Der Prophet Sacharja war es, der diese Verheißung sprach. Mit einer Gruppe war er aus dem Babylonischen Exil heimgekehrt nach Jerusalem. Der Perserkönig Kyros, der den Zusammenbruch des Babylonischen Großreiches herbeiführte, hatte 529 v. Chr. sowohl die Rückkehr als auch den

Wiederaufbau des 587 zerstörten Jerusalemer Tempels und die Rückgabe der Kultgegenstände verfügt. Die Rückkehrer erwartete aber keine blühende Landschaft. Da war nur Streit um Liegenschaften mit den Zurückgebliebenen. Da waren nur Trümmer und Schutt des zerstörten Tempels.
Das war der Augenblick, als Sacharja – wie der in Judäa verbliebene Prophet Haggai – drängte, jetzt, zügig und engagiert mit dem Wiederaufbau des Tempels zu beginnen. Bei aller Enttäuschung und Not ist es der Tempel, der den Ort der Gegenwart Gottes, Stätte der Gerechtigkeit und Hilfe, verspricht. Auch will der Tempelbau eine identitätsstiftende Gemeinschaftsaufgabe sein. Ob Sacharja seine Fertigstellung unter Serubbabel erlebt hat, wissen wir nicht.
Dieses historische Ereignis wird in der weiteren Überlieferung als heilvolle Wende und universale Erneuerung gedeutet, u. zw. durch eine Lichtgestalt. In visionären Bildern wird diese angesagt. Politische Machthaber wie der Perserkönig Kyros und dann der Sieger bei Issos 333 Alexander der Große bilden irgendwie die Folie. Doch im Sacharjabuch ist es anders, provozierend; diese Verheißung spricht von einem Anderen.

2. „Freue dich, Tochter Zion; jauchze, Tochter Jerusalem!“, ruft der Prophet. Es ist der Ruf zum freudigen Aufbruch, der Erhofftes schon jetzt anbrechen lässt. Es ist die Freude, der im Vertrauen auf Gott die Zukunft gehört. Denn in Zion und in Jerusalem ist Gott da, voller Verheißung.
Hier aber erschallt kein Triumpf der übermächtigen Sieger über die schmachvoll Besiegten, der Gewinner über die am Boden liegenden Verlierer. So bei Kyros, Alexander d. Großen, den kriegerischen Heroen. Vergänglich ist ihr Erfolg im Steingeröll der Weltgeschichte.
Diese Freude ist auf mehr gerichtet: auf einen, der Rettung und Heil, Shalom bringt. Dieser wird es sein, der Gerechtigkeit und Hilfe schafft, weil er Gerechter und Helfer ist.

Der Prophet sagt den Neuanfang in Judäa und die Zeitenwende in der Welt an: Schalom, Gerechtigkeit und Hilfe. Anders als menschliche Utopien, philosophische Entwürfe vom allgemeinen Wohl und „ewigem Frieden“. Wird da nicht schon vergessen, dass Frieden im Bewusstsein und Herzen, im Wollen und Tun von uns Menschen den Anfang hat?
Einen anderen Anfang von Schalom, Gerechtigkeit und Hilfe verheißt der Prophet. Mit ihm bricht an die Zeit des Heils: sowohl für Jerusalem, Ort von Gottes Sammlung des ganzes Volkes Israel, wie für den Tempel, Ort der Befreiung von Sünde und Schuld.
Ohne Pracht, gewaltfrei kommt der Verheißene,„durchbohrt“, wie der Prophet anzeigt (12, 10f). Er ist es, der Rettung und Vergebung von Sünde und Schuld bringen wird. Und in Jerusalem, Haus des Friedens und Ort des Heils, werden die Völker zusammenkommen, um mit Israel Gott als den alleinigen Herrn anzurufen.

3. Liebe Gemeinde, „da wohnt ein Sehnen tief in uns, o Gott, ...“ ; um mehr Gerechtigkeit und Hilfe, um mehr Schalom bitten wir (NL 116).
Welches Sehnen bewegt uns? Welche Erwartung jetzt im Advent?
Gewiss der gewünschte Impfstoff gegen corona. „Brot für die Welt“ gegen den Hunger von Kindern. Gelingen friedlicher Revolutionen gegen diktatorischen Systemen. Mehr Solidarität, Demut und Liebe in unserer Gesellschaft. Mehr Glaube und Hoffnung, da, wo Menschen und Völker sich von der Geschichte Gottes mit seinem Volk Israel faszinieren lassen und zu Israel sagen: „Wir wollen mit euch gehen; denn wir haben gehört: Gott ist bei euch“ (8, 23).

Das Neue Testament stimmt hierin ein mit der Erzählung von Jesu Einzug in Jerusalem (Mt 21, 5). Durch Jesus bleibt die christliche Kirche mit Israel verbunden. Und in Christi Advent schenkt sich der Schalom Gottes, „der höher ist als unsere Vernunft“. Es ist der Friede dessen, der, „durchbohrt“ am Kreuz und auferstanden am dritten Tag, ewiges Heil bringt, Schalom, in der Hoffnung auf das zukünftige Jerusalem.

Friede mit Gott und Erneuerung der Welt.

4. Liebe Gemeinde, Krippe und Kreuz, Buße und Freude begleiten den Advent des Heilands der Welt. Durch ihn sind wir gerufen, umzukehren zu Gott im Hören auf seinen Willen: kehrt hin zu Gerechtigkeit und helfender Liebe, „kehrt um!". Und "wenn ihr mich von ganzen Herzens suchen werdet, so will ich mich von euch finden lassen".
„Die Zeit ist erfüllt, das Reich Gottes ist herbeigekommen".
„Freut euch".
Es ist die Freude, die Erwartetes schon voraus erlebt, weil sie aus Gottes Freude an seiner Welt entspringt.
Es ist die „Freude der Buße" im Advent über den, der auf einem Esel kommt, gewaltfrei. Und doch ist seine Liebe die alles Zusammenleben beeinflussende Macht, Lebenselixier.
„Die Reiche der Welt vergehen". Die Macht der Sorge um die Pandemie ist letztlich gebrochen. Die Stricke der Sünde und des Todes sind entzwei. Gott „ist da", schenkt sein Heil. In Jesus, „Gott hilft, Gott rettet", ist Gott Helfer, der Gerechtigkeit verheißt und schafft.

5. „Freude der Buße", liebe Gemeinde, indem wir uns neu zu Gott kehren, indem wir zum Wohl von Mitmenschen und Mitwelt unseren Lebensstil, Haltung und Verhalten, ändern. Demut vor Gott und Liebe zum nahen und fernen Nächsten ziehen da Spuren von mehr Gerechtigkeit und helfender Liebe in Kirche und Gesellschaft, oft Spurenelemente.
„Macht die Tore weit und die Türen in der Welt hoch", dass der Heiland einziehe in unsere Herzen, in die Konflikte der Familien, in die Spannungen unserer Gesellschaft, in die Zerrissenheit der Völker und der Mitwelt.
Welch eine Verheißung! Welch eine Hoffnung!
Freut euch, kehrt um und das Antlitz der Erde wird neu.

Liebe Gemeinde, durch die historischen Erinnerungen des alten Sacharja-Wortes vergegenwärtigt sich mir persönlich die Verheißung neu, spricht zu mir, berührt mich. Sie bringt mich in Bewegung: „Freue dich, jauchze! Siehe, dein König kommt zu dir, ein Gerechter und ein Helfer, arm auf einem Eselsfüllen".
„Unser Herr kommt!". Amen.

Lk 5, 1 – 11: „Nachfolge"

5. So. n. Trin. (12. 6. 2020) Göttinger Internet Predigten

Werden hier etwa für sog. „Menschenfischer andere zu Missionsobjekten"? Widerwille regt sich dagegen. Solch ein Bild, etwa von großen Schleppnetzen. Denen kein Fischlein entwischen kann, zerstreut die Gleichniserzählung selbst. Auch Verstrickungen von Mission und Kolonisation in den Text hinein zu interpretieren greift nicht. Die Botschaft und Intention des Evangelisten Lukas ist ganz anders.

1. „Es begab sich aber!"
Dieser Satz, ein Ohrwurm, lässt aufmerken. Da kündigt sich etwas Außerordentliches an in Gottes Heilsgeschichte: der Auftrag, „allen Menschen" „ Christus, den Herrn zu verkündigen" (2, 10).

Am See Genezareth drängt sich die Menge, um Jesus zu sehen und seine Worte zu hören. Einen Fischer – es ist Simon – bittet Jesus, dass eins der am Ufer liegenden Boote ablege, damit er von ihm aus die Botschaft vom Reich Gottes verkündige. Nach Ende der „Seepredigt“ spricht Jesus Simon ein zweites Mal an: „Fahre hinaus!“, jetzt, mitten am Tag, „werft eure Netze zum Fang aus!“. Eigentlich ist es ein törichtes Anliegen; es widerspricht aller fachmännischer Erfahrung. Gleichwohl, Jesu Person, seine Worte, die Gott und Gottes Reich verkündigen, wecken irgendwie Vertrauen: Auf dein Wort“. Simon fährt auf See und wirft die Netze aus. Ja, und da erlebt er das menschlicher Vernunft Uneinsichtige, das Unwahrscheinliche: die Netze drohen zu zerreißen; überreich ist der Fischfang. Kollegen müssen zu Hilfe kommen. Zwei Boote werden bis an den Rand gefüllt.

2. „Als Simon das sah“, da leuchtet ihm irgendwie auf das Geheimnis von Jesus, seiner Person, seiner Verkündigung vom Reich Gottes. Zugleich wird er über sich selbst hinaus verwiesen, soz. Außer sich gestellt. Durch die Begegnung mit Jesus sieht er sich vor Gott. Er erkennt sich als von Gott erkannt. Neu erfährt er sich, indem Gottes Güte, ihm kaum erkennbar, in Jesus widerfährt: Jesus, „der Heiland der Welt“ (2. 10f).
Simon fällt vor Jesus zu Boden: „Ich bin ein sündiger Mensch“ - ein, nein, sein Zusammenbruch. Allein auf sich bezogen, sich selbst genügend war die Beziehung mit gott entschwunden. Die Frage nach dem Willen Gottes war verdrängt, der Riss der Sünde ausgeblendet; Gottes Wirklichkeit war verdämmert.
Und da, in der Begegnung mit Jesus, mit Jesu Predigt, bricht es heraus aus seinem Innern; er schreit: „Geh weg von mir“. Keine Gemeinschaft meint er mit Jesus haben zu können. Zwischen Sündern und Jesus gebe es nichts Gemeinsames.
Auch die begleitenden Menschen rund herum erschrecken angesichts des Erlebten: der unwahrscheinliche, wunderbare Fischfang und der Zusammenbruch des Simon. Heiliger Schrecken erfasst sie. Furcht und Zittern vor der Gegenwart des fernen und doch nahen Gottes.
Ihn allein sollen wir fürchten und lieben.

3. So geschieht nach dem Evangelisten Lukas erneut das Außerordentliche und Wunderbare in Gottes Heils- und Versöhnungsgeschichte. Jesus wendet sich – es ist nun das dritte Mal – Simon zu: „Fürchte dich nicht!“ Gottes Güte und Erbarmen gilt dir!
Es isr Gottes Zusage der Vergebung und der Versöhnung – Wende im Leben der Menschen. Freude der Buße durch Gottes Gnade. Es ist die Wende, wie immer wieder Christen sie auf ihrem Lebensweg durch ein unwahrscheinliches Erlebnis erfuhren und erfahren. Der Anstoß kann sein ein Wort, eine Krankheit, eine Bewahrung, die Ansage von Schuld, der Zuspruch von Vergebung. Beispiele sind der Kirchenvater Augustin, der Reformator M. Luther, der Theologe J. Moltmann, der Manager Th. Middelhoff usw. usw. Auch für so manchen Pfarrer und Prediger gilt das, wie auch für mich: das Leben führt durch eine wunderbare Kehre, von Jesus mitgenommen, in den Dienst der öffentlichen Verkündigung des Evangeliums.
„Fürchte dich nicht!“, „Fürchtet euch nicht1“, so hatte Gott immer wieder dem Volk Israel auf finsteren Wegstrecken Rettung und Hilfe verheißen und gebracht. So sandte der Engel Gottes den Hirten auf dem Felde die Botschaft der „Freude, die allem Volk widerfahren soll“, die Verheißung vom „Heiland der Welt“ zu verkündigen. „Fürchte dich nicht!“, so nimmt Jesus jetzt den Fischer Simon mit sich. Außergewöhnliches, Wunderbares hat er bei diesem Fischzug erlebt, noch Größeres, das Außergewöhnliche des Reiches Gottes wird er erfahren: Von nun an wirst du Menschen die gute Botschaft bringen“. Jesus nimmt ihn hinein in seine Zusage und in seine Sendung. Menschen wird er sammeln als Verkünder des Reiches Gottes und so an Jesu eigenem Werk Anteil haben.

4. Simon wird so der erste, den Jesus mitnimmt in seine Sendungsgeschichte. Weitere Jünger folgen. Nachfolger sind sie, nicht beeindruckte Nachahmer; Nachfolger sind sie, von Jesus angesprochen zum Dienst am Reich Gottes (5, 27; 6, 13; 8, 2; 9, 2,6 u. a.; Apg 1, 8 u. a.). Dynamisch verbreitet sich das Evangelium. Scharen von Menschen kommen zusammen. Der Glaube breitet sich aus (6, 17; 19, 25). Immer neue Gemeinden wachsen; Kirchen entstehen über Grenzen hinweg (2, 41; 6, 1; 11, 1; 14, 21; 15, 41; 16, 15; 17, 12); in neuen Kontinenten sind sie beheimatet (Apg 16, 9), trotz Widerstand und Verhaftung (Apg 21, 27), trotz Gefängnis (Apg 16, 23ff) und Verurteilung (Apg 25, 10) - und heute trotz Gottvergessenheit und Glaubensschwund, trotz Gleichgültigkeit, Widerspruch und Skepsis, trotz „kleiner werdender Kirchen“ - die Verkündigung des Evangeliums geht weiter. Das die Kirche Jesu Christi schaffende und erhaltende Wort Gottes lässt, trotz Dürrezeiten, neu Glauben Sprießen und wachsen z. B. In den Partnerkirchen im Süden unserer Erde.
M. Luther erzählt von diesem Wunder im Gleichnis vom Amaranthus: „Amaranthus wächst im August und ist mehr ein Stengel denn ein Bäumchen; lässt sich gern abbrechen und wächst fein fröhlich und lustig daher. Und wenn nun alle Blumen vergangen sind und dieses mit Wasser besprengt und feucht gemacht wird, so wird’s wieder hübsch und grün, dass man im Winter Kränze daraus machen kann. Ist Amaranthus daher genannt, das nicht verwelkt noch verdorrt.
Ich weiß nicht, ob der Kirche etwas möge gleicher sein denn Amaranthus, diese Blume, die wir nennen Tausendschön … . Zudem lässt sich die Kirche auch gern abbrechen und berupfen, das ist, sie ist Gott willig und gern gehorsam im Kreuz, ist darinnen geduldig und wächst wieder fein lustig. … Endlich bleibt der Stamm ganz, und kann nicht ausgerottet werden. … Denn gleich wie Amaranthus, Tausendschön, nicht welkt noch verdorrt, also kann man auch nimmermehr die Kirche vertilgen und ausrotten. Was ist aber wunderbarlichers denn der Amaranthus? Wenn´s mit Wasser besprengt und drein gelegt wird, so wird’s wieder grün und frisch, gleich als von den Toten auferweckt“ (WATR VI, 184f).

5. Die Verkündigung des Evangeliums geht weiter. Die Kirche Jesu Christi wird bleiben bis an den Tag, den Gott bestimmt (CA VII). „Eine freudige Nachricht breitet sich aus“ (EG 649) von Mund zu Mund, Über Internet und Facebook, in Kathedralen und Kapellen. Das Wort Gottes ergießt sich immer wieder wie der Wachstum und Frucht bringende Dauer- oder Sturzregen. In Gottes Versöhnungsbewegung ergeht und ereignet sich das Versöhnungswort; es schafft Glauben und Hoffnung; es tröstet und begeistert,; es ruft zu mehr Gerechtigkeit und Liebe in der Welt.
Und in der Nachfolgebewegung Jesu werden die christlichen Gemeinden zu Zeichen der mit Gott versöhnten Menschen. „Menschen der Zukunft“ Gottes (D. Bonhoeffer) sind sie auf ihren Auferstehungswegen. Ein Wärmestrom der Versöhnung und der Liebe geht von ihnen aus hinein in die rationalisierten Prozesse unserer sich säkularisierenden Gesellschaft. Mitgenommen in die Nachfolgegeschichte Jesu sind sie – wie Simon – berufen zur Umkehr und zum Zeugnis von Jesus Christus in Wort und Tat.
Das ist die Botschaft und Intention des Evangelisten Lukas.
Wir, eine Jeder und ein jeder, die Gemeinde und Kirche sind mitgenommen in diesen Ruf.
Für den Theologen Karl Barth, vielen von uns bekannt, zielt das Versöhnungsgeschehen des dreieinen Gottes auf das Zeugnisgeben von Jesus Christus in und vor der Welt. Da erfüllt sich der Auftrag und die Bestimmung der Kirche Jesu Christi: das Zeugnis von Jesus Christus, unserem gekreuzigten und auferstandenen Bruder und Herrn.
Um ihn geht es, um ihn in Gemeinde und Kirche heute, nicht um Besitzstandswahrung, auch nicht um Erhöhung der Zahlen von Mitgliedern und Einnahmen, so wichtig diese im konkreten sind. Im Zeugnis des Evangeliums sind die verschiedenen Gemeinden und Kirchen vereint; denn es geht um das Heil in Jesus Christus, dem Heiland der Welt; „seine Liebe bewegt, versöhnt und eint“.

„Fürchte dich nicht!“, spricht Jesus heute. Zum Zeugnis in Wort und Tat, im Zuhören und Mitgehen als Nachfolger mitgenommen von Jesus sind wir. Das geschieht in der Familie, für mich als Vater und Großvater. Es geschieht im nachbarschaftlichen Gespräch, im Helfen und Lasten mittragen. Es geschieht weiter in meiner Gemeinde , wo ich dabei bin im Gottesdienst am Sonntag und im alltäglichen Leben. Es geschieht schließlich mit dem kritischen und konstruktiven Zeitansagen aus kirchenleitendem Mund. Die Verkündigung des Evangeliums geht weiter. „Fürchte dich nicht!“, spricht Jesus – wie zu Simon – zu mir und dir.

Und der Friede Gottes, der höher ist als unsere Vernunft, der bewahre unsere Herzen und Sinne und unser Reden und Tun in der Nachfolge Jesu Christi, unserem Herrn. Amen.

Lied: „Bei dir, Jesus, will ich bleiben, stets in deinem Dienste steh´n ...“ (EG 406, 1)

Röm 12, 17 – 21: Gottes Friedensbewegung: Böses mit Gutem überwinden

Gemeindelied vor der Predigt: NG 116: „Da wohnt ein Sehnen tief in uns ...“
4. So. n. Trin. (5. 7. 2020) in Plankstadt

1. „Da wohnt ein Sehnen tief in uns“, so haben wir gesungen, Liebe Gemeinde, ein Sehnen nach mehr Frieden und weniger Bösem in der Welt, nach Liebe und das in Zeit der Extreme: Politische Spannungen und Trennungen durch nationalen Egoismus und Stellvertreterkriege mit Kollateralschäden für die Zivilbevölkerung. Dazu Spaltungen durch Hassparolen und populistische Ideologien. Der Friede bleibt auf der Strecke.Tagtäglich öffnen Bad-News uns den Mund zur Klage über die Schrecken des Bösen, zum Schrei nach mehr Frieden und Gerechtigkeit. Zwischen moralisierender Empörung und trägem Egoismus, politischem Utopismus und ernüchtertem Pragmatismus sucht das Sehnen tief in uns Klärung und Entscheidungshilfe für den Weg des Friedens.

„Kirche auf dem Weg der Gerechtigkeit und des Friedens“ ist die Kundgebung der letzten EKD-Synode in Dresden. Dort hören wir Folgendes über Gottes Friedensbewegung und unseren Friedensauftrag: „Als Teil der Friedensbewegung Gottes in die Welt hinein verpflichten wir uns, in unseren eigenen Strukturen und Veränderungsprozessen, in unserem täglichen Handeln sowie in den gesellschaftlichen und politischen Herausforderungen um Gottes Frieden zu bitten, ihn beständig zu suchen und für Gerechtigkeit und Frieden einzutreten. Wir sind unterwegs im Vertrauen, dass Gott unsere Füße auf den Weg des Friedens richtet“.
Die Verantwortung für die Frage des Friedens kennt jedoch brisante Situationen – wie etwa den Genozid. Das Auslöschen eines Volkes ist wohl das schwerste Verbrechen gegen die Menschlichkeit. Ich erinnere an den Holocaust. Da können notwendigen Zwangsmaßnahmen auch eine militärische Option einschliessen; sie müssen zugleich in zivile und politische Maßnahmen eingebettet sein.

2. Wie bei der EKD-Verlautbarung schlägt Paulus der christlichen Gemeinde in Rom vor, sich im christlichen Sinne von der Welt zu unterscheiden: „Seid auf Gutes bedacht gegenüber jedermann. Its´s möglich, soviel an euch liegt, so habt mit allen Menschen Frieden.“ (Röm 12, 18) Paulus

ermutigt Christinnen und Christen für ihr Zusammenleben in Staat und Kirche dazu, jederzeit zu prüfen, „was der Wille Gottes“ ist.
Ein solcher Friedensauftrag kann nerven.
Zugleich trifft er aber auch den Nerv unseres Unvermögens. Denn es ist doch immer wieder festzustellen: Es gelingt nicht so ohne Weiteres, den Frieden zu bewahren.
Bedenkt aber, liebe Gemeinde: Der Friede ist ein Geschenk Gottes. Unverfügbar. Der Friede Gottes ist höher als alle Vernunft, sagt Paulus (Phil 4, 7). Das aber ist nicht alles: Unseren Frieden haben wir bereits in Jesus Christus. Durch ihn und den Heiligen Geist haben wir Anteil an der Friedensbewegung Gottes in unsere Welt hinein.

3. Durch den Gekreuzigten leben wir Christinnen und Christen als gerechtfertigte Sünder.
Gott liebt uns mit unserem Unvermögen.
Darum wagen wir immer wieder den Frieden in einer Welt unter der Macht der Sünde. Das ist schlechthin d i e Herausforderung für uns Christenmenschen:
„Seid auf Gutes bedacht gegenüber jedermann.
Ist´s möglich, soviel an euch liegt, so habt mit allen Menschen Frieden.“
Sind wir also Friedwillige, so treffen wir dennoch auf Menschen, die Böses mit Bösem vergelten.
Das ist die teuflische Spirale nach dem Motto: Auge um Auge, Zahn um Zahn
Sie führt tiefer in die Zerstörung. Kein Frieden, keine versöhnliche Haltung.
Sind wir aber Friedwillige, erkennen wir in den Anderen, in den Gegnern und Feinden unsere Mitmenschen.
Paulus öffnet uns die Augen für Gottes Friedensbewegung: Jeder Mensch ist ein Geschöpf Gottes. Jedem Menschen gilt Gottes Freundschaft.
Unsere feindliche Gesinnung wandelt sich unter der Friedensbewegung Gottes in Nachsicht und Güte, in eine versöhnliche Haltung. Teil dieser Friedensbewegung Gottes in die Welt hinein sind wir.
Entsprechend schreibt Paulus, seid im Vorhinein auf Gutes für alle Menschen bedacht. Wer jenseits der Grenze von Feindschaft lebt, erkennt den Anderen, den Gegner, den Fremden, als Mitmenschen und Freund Gottes, dem Gott Barmherzigkeit verheißt und der Gottes Liebe erfährt. Feindschaft wird aus den Angeln gehoben und umgekehrt in Schritte friedliebendem Zusammenlebens in religiöser und sozialer Hinsicht.
Gott selbst hat die Wende zum neuen Anfang gesetzt, den Sünder allein aus Gnade gerechtfertigt und zum neuen Leben berufen. Und mit diesem schöpferischen Neuanfang macht Gott selbst die vertrauensvolle Vorgabe; ihr folgen die Glaubenden, wenn sie grenzüberschreitend Schritte des Friedens tun mit Anderen, den Gegnern, den Fremden. Teilhaben sie an Gottes vorausgehender Friedensbewegung in die Welt hinein.

4. Paulus ermutigt: „Überwindet das Böse mit Guten“. Schon Gott hat das Böse in euch mit Gutem in Jesus Christus überwunden. Sein Reich ist längst angebrochen. Paulus glaubt an den friedensbewegten Gott. Er steht in der Nachfolge der Feldpredigt Jesu beim Evangelisten Lukas: „Tut wohl denen, die euch hassen; segnet die euch fluchen; bittet für die, die euch beleidigen. Wer dir das Deine nimmt, von dem fordere es nicht zurück; richtet nicht, verdammt nicht, vielmehr vergebt und gebt“ (Lk 6, 27 – 39). Oft überfordert uns Christinnen und Christen solch friedliebendes Verhalten.
Erst recht in einer Welt wie der unsrigen: Unsere Wirtschaft lebt vom Konkurrenzkapf. Unsere Politik ist bedacht auf das Gleichgewicht der Kräfte.
Uns Christen wird der Verzicht auf Vergeltung, die Rücknahme eigener Ansprüche, so wie überhaupt jede Form von Mitleid als Schwäche ausgelegt. Schwäche aber führt zur Unfreiheit dem vermeintlich Stärkeren gegenüber. Ganz geschmacklos wird von der herrschenden Welt friedliebendes Verhalten mitunter auch als Duckmäusertum verunglimpft.

„Überwindet Böses mit Gutem". In der Friedensbewegung Gottes wird die wechselseitige Vergeltung unter uns Menschen ausgehebelt durch Schritte der göttlichen Liebe zum guten Miteinander. Schon der Kirchenvater Augustin hat erkannt: Schritte der Liebe werden gelernt, indem einer in der Liebe vorausgeht, den erste Schritt tut als Zugang auf den Weg des Friedens (De catechizandis rudibus).
Liebe meint da kein bloßes Gefühl. Liebe stellt eine Beziehung her durch ein Handeln, das für den Anderen Gutes tut, eine Wohltat bringt. Konkret gelebte Liebe durchbricht den Teufelskreis wechselseitiger Vergeltung hin zu mehr Frieden und Gerechtigkeit.
Christenmenschen dürfen leben in der Freiheit von der Fesselung an das ihnen geschehene Unrecht. Sie sind befreit davon, Böses mit Bösem zu vergelten. Sie sind frei, Böses mit Guten zu überwinden durch die Kraft der erbarmenden Liebe und Gerechtigkeit Gottes.
Der Wärmestrom der Liebe und die Macht der Gerechtigkeit Gottes sind es, die die lebenverändernde und lebengestaltende Kraft des Glaubens den ersehnten Frieden stiften lässt.
Sie sind Zeichen für das schon angebrochene Reich Gottes mitten in unserer Welt.

6. Paulus mahnt schließlich: „Liebet eure Feinde".
Feinde gibt es unzählige, liebe Gemeinde. Das zeigt sich tagtäglich..
Ist die Anfeindung kaum mehr zu ertragen, kann es sein, dass wir uns verteidigen: dass wir der Faust die Faust zeigen, dass wir nicht mehr stark genug sind, unseren Feinden mit ausnehmender Freundlichkeit und Hilfsbreitschaft zu begegnen. „Wenn deinem Feind hungert, gib ihm zu essen; dürstet ihm, gib ihm zu trinken. … So wirst du feurige Kohlen auf sein Haupt sammeln", heißt es im Alten Testament. „Tut wohl denen, die euch hassen, verfluchen, verspotten, bestehlen, quälen", heißt es in Jesu Feldpredigt (Lk 6, 27 – 30). Die Liebe Gottes zu uns ist die stärkende Kraft in unserem Leben.
Die Liebe Gottes gibt nicht auf.
Allein deshalb wagen wir immer wieder die Liebe unseren Feinden gegenüber.
Jesus ist da unser Vorbild. Ihm wollen wir nachfolgen in der Liebe.
Jesus ist der, der „keine Sünde getan hat und in dessen Mund sich kein Betrug fand, der nicht wiederschmähte, als er geschmäht wurde, nicht drohte, als er litt".
Jesus lebte die Feindesliebe und überzeugte damit: Das kommende Reich Gottes ist bereits angebrochen. Seine Macht der Liebe und Gerechtigkeit haben das Böse überwunden.
Wir als die Nachfolgerinnen und Nachfolger Jesu im Glauben an das Gute haben Teil an der Friedensbewegung Gottes in der Welt. Auch wenn wir immer wieder im Gegenwind derer stehen, die ihre Gewinne auf Kosten anderer machen.
Wir aber wollen leben mit der „Goldenen Regel": „Wie ihr wollt, dass euch die Leute tun sollen, so tut ihnen auch" (Lk 6, 31), auch wenn bei der Feindesliebe eine Rückerstattung nach dem Prinzip der Gegenseitigkeit nicht zu erwarten ist.

7. Lasst euch nicht entmutigen, liebe Gemeinde. Wir sind unterwegs im Vertrauen, dass Gott unsere Füße auf den Weg des Friedens richtet.
Seht auf Jesus. Jesus hat Feindschaft, Verrat, Hass und Verleumdung mit Liebe entwaffnet.
Das ist unsere Hoffnung in der Liebe zu unseren Feinden.
Segen dem Fluch. Vergebung dem Unrecht. Jesu Gebet für die, die ihm zuriefen: Du bist ein Gotteslästerer.
Wir aber reihen uns ein in die vielen vor uns, die Jesu Nachfolgende waren: Dietrich Bonhoeffer, Edith Stein, Oskar Romero usw., usw. Auch wir, liebe Gemeinde, gehören zu ihnen.
Selbst dann, wenn ihr schwächelt unter dem Anspruch eines gottgefälligen Lebens. „Meine Kraft ist in den Schwachen mächtig!" (2. Kor 12, 9f). Gott stärkt den Schwachen den Rücken.
Jesus leitet uns an in der Liebe: Liebt einander. Liebt euch selbst. Liebt Gott. Liebt eure Feinde!
Darum liebt so, wie es euch möglich ist.

Denn schon längst seid ihr Kinder Gottes. Berufen zum ewigen Leben.
Mit Jesus auferstanden, seid ihr berufen zur Liebe.
Hineingenommen seid ihr schon jetzt in die Friedensbewegung Gottes.
Das ist die Frohe Botschaft.

Und der Friede Gottes, der höher ist als unsere Vernunft, der bewahre unsere Herzen und Sinne und unser Tun im Vertrauen auf Jesus Christus, der „unser Friede ist" und uns zu Friedensstiftern macht. Amen.

5. Mose 7, 6 – 12. „Erinnern in die Zukunft"

Predigt am 6. So. n. Trin. (19.7. 2020): Tauferinnerung
in Leimen

Liebe Gemeinde des Tauferinnerungssonntags,

1. Es war der 31. Juli 1943, als ich getauft wurde. An jedem 31. Juli erinnere ich mich an meine Taufe. Rückwärts erinnern und vorwärts leben – so gestaltet sich unser Lebensweg, der von Christen besonders. Auch an jedem Geburtstag gedenke ich daran, dass es wegen Komplikationen während der Schwangerschaft meiner Mutter nicht selbstverständlich ist, dass ich überhaupt da bin. Ich danke und freue mich, dass ich bin.
Im Erinnern wird Vergangenes gegenwärtig, um im Heute nach vorn gelebt zu werden. Und die Hoffnung auf Zukünftiges zeigt sich als Vorgeschmack des Zu-Kommende im Heute.
Ja, rückwärts erinnernd vorwärts verantwortungsbewusst leben in unserer Erinnerungskultur - das gilt für den „Tag der Befreiung", den „Holocausttag", den „Tag des Grundgesetzes", den „Tag der deutschen Einheit" wie auch für den „Weltfrauentag" und den „Weltbienentag". Wir, die Bürger, erinnern uns im verantwortlichen Vorausdenken, Planen und Gestalten.
Als Christenmenschen gedenken wir an die besonderen Festzeiten unseres Glaubens: adventlich an die Geburt des Heilandes der Welt, sonntäglich an die Auferstehung Jesu Christi und so auch an unsere Taufe und den Tauftag. Doch hier geschieht es ganz anders als an gesellschaftlichen Gedenktagen, an denen **wir** uns vorausschauend erinnern; ganz anders, denn hier ist **Gott** es, der schon im Voraus an uns und an diese Welt gedacht hat und gedenkt. Weil Gott zuerst an uns gedacht hat, darum gedenken wir an sein Zukunft eröffnendes Handeln an uns Menschen heute; namentlich bekannt sind, ein jeder, ihm; ihm bin ich eigen.

2. An diese verheißungsvolle Zusage Gottes, liebe Gemeinde, erinnert der heutige Bibelabschnitt aus den alttestamentlichen Buch „Deuteronomium", dem 5. Buch Mose. Er verkündigt die Realität des lebendigen Gottes und seinen zukunftsträchtigen Willen für sein Volk.
Wir hören und lassen zu uns sprechen Deut 7, 6 – 12: „Du bist ein heiliges Volk dem Herrn, deinem Gott. Dich hat der Herr, dein Gott, erwählt zum Volk des Eigentums aus allen Völkern, die auf Erden sind.
Nicht hat euch der Herr angenommen und euch erwählt, weil ihr größer wäret als alle Völker - denn du bist das kleinste unter den Völkern - ,

sondern weil er euch geliebt hat und damit er seinen Eid hielte, den er euren Vätern geschworen hat. Darum hat er euch herausgeführt mit mächtiger Hand und hat dich erlöst von der Knechtschaft, aus der Hand des Pharao, des Königs von Ägypten.
So sollst du nun wissen, dass der Herr, dein Gott, allein Gott ist, der treue Gott, der den Bund und die Barmherzigkeit bis ins tausendste Glied hält denen, die ihn lieben und seine Gebote halten, und vergilt ins Angesicht denen, die ihn hassen und bringt sie um und säumt nicht, zu vergelten ins Angesicht denen, die ihn hassen.
So halte nun die Gebote und Gesetze und Rechte, die ich dir heute gebiete, dass du danach tust".

3. Gott gedenkt an sein Volk. Liebe Gemeinde, Gott hat es sich erwählt, sich mit ihm verbunden. Gott hat ihm seinen Willen kundgetan, ihm seine verheißungsvollen Weisungen und Gebote gegeben. Überschwänglich wendet sich Gott hier seinem Volk in einer Liebeserklärung zu. Dabei hat es selbst nur wenig aufzuweisen. Das kleinste unter den Völkern ist es, nicht herausragend durch wirtschaftliche Kraft, politische Klugheit oder militärische Macht. Zudem hat es immer wieder die Gemeinschaft mit Gott zerrissen, den Bund gebrochen, sich seinem Willen verschlossen. Und dennoch: abermals wendet sich Gott seinem Volk zu; Gott hat – wie es da heißt (Deut 7, 8; 33, 3) - „euch angenommen und erwählt, weil er euch lieb hat".
Wir erinnern uns: So hat Jahwe auch am Stammvater Jakob festgehalten trotz List und Lüge gegen seinen Bruder Esau. Gott hat an ihn gedacht in Flucht und Fremde, und hat ihn nach nächtlichem Kampf mit dem Engelboten bei Tagesanbruch gesegnet mit dem Namen „Israel" (Gen 32, 29f; 35, 10f).
Im heutigen Bibelabschnitt erinnert Gott sein Volk an die rettende Erlösung im Exodus aus der Knechtschaft in Ägypten. Gott erinnert an seine erwählende Liebe; voraus ist sie dem Volk immer schon: „Ich will euer Gott sein , und ihr sollt mein Volk sein" (Jes 7, 23).

Gottes erwählende Liebe geht auch uns Christen immer schon voraus, u. zw. in Jesus Christus; sie geht unserer Gemeinde und Kirche voraus, unserem Glauben und unserer Taufe. Ja, in der Taufe wird sie ganz persönlich zugesagt: in der Taufe „auf den Namen" dessen, zu dem ich nun gehöre: Jesus Christus, mein Herr. Die Frucht seines Sterbens und seiner Auferstehung wird mir frei aus Liebe zugeeignet; ich habe Anteil an seiner Auferstehung zu neuem Leben. „Nicht ihr habt mich erwählt, sondern ich habe euch erwählt", spricht Jesus Christus, unser Bruder und Herr (Joh 15, 16). Das bedeutet ein Giro- und Eigentumswechsel. Ein aus Liebe widerfahrenes Geschenk ist es; weiter auszuwickeln ist es im Glauben auf meinem Auferstehungsweg.

4. Der sich mit seinem Volk in personaler Gemeinschaft verbindet, es zu seinem Eigentum erklärt und in seinen Bund aufnimmt, liebe Gemeinde, das ist der eiferheilige Gott. Nicht ununterschiedene, sondern partnerschaftliche Liebe sagt er an: „Werdet ihr meiner Stimme gehorchen und meinen Bund halten, so sollt ihr mein Eigentum sein vor allen Völkern; denn die ganze Erde ist mein" (Ex 19, 5f). „So haltet nun meine Gebote" (Deut 7, 11). Ins Herz, in den Verstand, auf Hand und Arm seien sie geschrieben. Immer neu sei zu gedenken und im Tun zu bedenken vor Gott das „Höre, Israel, der Herr ist unser Gott, der Herr allein. Und du sollst den Herrn, deinen Gott, lieb haben von ganzem Herzen, von ganzer Seele und mit all deiner Kraft" (Deut 6, 4f). Und „Du sollst deinen Nächsten lieben wie dich selbst; ich bin der Herr!" (Lev 19, 18). Der Wille Gottes spricht im Ersten Gebot (Ex 20, 2; Jes 43, 11). So ruft der Prophet: Es ist dir gesagt, Mensch, „was gut ist, was der Herr von dir will, nämlich Gottes Wort halten und Liebe üben und demütig sein vor deinem Gott" (Mi 6, 8).
Hineingenommen werden in das Kraftfeld der Liebe Gottes, hat schlicht und einfach zur Folge: Gott wider zu lieben und eben auch den Nächsten. Liebe zeigt sich dabei nicht nur als emotionales Gefühl, sondern als konkretes Denken und Wollen, Tun und Lassen vor Gott und für den Anderen. An Gottes Stelle soll nichts anderes treten. Die Frage nach Gott und dem Willen Gottes behält

letztgültige Realität; denn es geht um das, woran wir Herz und Verstand „hängen" beim Unterscheiden von Wichtigem und weniger Wichtigem. Da geht es um die alle Lebenswelten bemächtigende und verstrickende Angst der Epidemie. Da mag gelten die „alles bestimmende Wirklichkeit" der Machbarkeit und der Fortschrittsideologie, oder das „schlechthinnige Abhängigkeitsgefühl" von der Wissenschaft und dem Markt, oder ein „unbedingt angehendes" Wohlergehen im Privaten und allgemeines Optimieren im Öffentlichen. Wir aber sollen „Gott über alle Dinge fürchten, lieben und vertrauen"; „wir sollen Menschen sein und nicht Gott".

Auch Jesus verkündigt den Willen Gottes im Liebesgebot: Gott lieben und deinen Nächsten wie dich selbst (Mt 22, 37 – 40). Darüber hinaus fügt Jesus in der Bergpredigt vom Reich Gottes hinzu: „Liebe deine Feinde, tu wohl denen, die dich hassen" (Mt 5, 44). Da eröffnet sich eine neue Wirklichkeit; da erschließt sich eine neue Lebensperspektive: das Leben, Antwort auf den Liebeserweis Gottes, in Dank für und Hören hin auf den Willen Gottes, wie der „Heidelberger Katechismus" im dritten Teil „Von der Dankbarkeit" bezeugt.
Es wird erfahren als das „neue Leben" aus dem Geschenk der Taufe im Lebenselexier der Liebe Gottes (Röm 6, 4). Denn Jesus Christus ist uns „von Gott gemacht zur Weisheit und zur Gerechtigkeit und zur Heiligung und zur Erlösung" (1. Kor 1, 30), zur Kraftquelle auf unserem Auferstehungsweg in und mit der Gemeinde hier und heute. Das sind die widerfahrenen und erfahrenen „kleine Geschichten", Gesten und Worte der Gemeinschaft, die wir nicht nur in den corona-Tagen erlebten: das nachbarschaftliche Singen an jedem Abend „Siehst du den Mond dort stehen; er ist nur halb zu sehen und ist doch rund und schön. So sind wohl manche Sachen, die wir getrost belachen, weil unsre Augen sie nicht sehn"; der Telefonanruf bei jemanden, der jetzt im hohen Alter allein wohnt; der von Enkeln gemalte Gruß an die Oma, die sie nicht besuchen sollen; die Notbetreuung für die Tochter einer Altenpflegerin, die notwendig gebraucht wird im Heim. Da ist das das Wort der Zuversicht und des Mutes eines Pfarrers im Internet oder Lifestream zur rechten Zeit, ein Wort gegen die Angst in Zeiten „kleiner werdender Kirchen" in und für eine sich säkularisierende Gesellschaft. „Man sihet´s am Leben, was wir von der Taufe halten", heißt es in einer Taufpredigt von M. Luther.

5. Aber da gibt es auch das Straucheln und Fallen, Sich- gegen Gott-verschließen und Schuldigwerden auf dem Weg. Dennoch bleibt Gott treu, liebe Gemeinde. Gott lässt das Volk sich er-innern an die widerfahrene Erlösung im Exodus aus Ägypten; er vergewissert es seiner liebenden Fürsorge; er verheißt dem erwählten Volk seine unbeirrbare Treue. Nur sich selbst kann das Volk aus der Gemeinschaft mit Gott ausschließen, aus dem Kraftfeld der Liebe Gottes verbannen; nur wir selbst können uns von Gott nicht lieben lassen wollen. Das giilt für das Volk Gottes auf dem Weg.

Das gilt für den Auferstehungsweg von uns Getauften. Auch wenn der Schatz der Taufe nicht mehr erkannt zu werden droht, wenn Zweifel und Anfechtung das Leben der Getauften verfinstern, wenn Gottes Liebeserklärung in der Taufe im Leeren verhallt und sogar wenn der Bund, den Gott in der Taufe schließt, gebrochen zu werden droht - auch da bleibt Gott treu. Gott wartet in Geduld; er schaut – wie im Gleichnis Jesu von den beiden Brüdern – voraus auf den eigenwillig abgeirrten Sohn. Es geht um die gute Erfahrung: hab ich ihn auch losgelassen – er stand umso fester zu mir. Dem Angefochtenen, durch Zweifel hindurch dringend und getragen, wie der Gemeinde in der Anfechtung in einer kleiner werdenden, weniger systemrelevanten Kirche ist Gott nah. Er hält an seiner in Jesus Christus erschienenen Liebe fest, an seinem Volk des Eigentums, an der Verheißung in unserer Taufe: „Meine Gnade soll nicht von dir weichen und der Bund meines Friedens soll nicht hinfallen" (Jes 54, 10). Denn - wie Gott im Wochenspruch des heutigen Tauferinnerungssonntags uns zusagt - „So spricht der Herr, der dich geschaffen hat, Jakob, und dich gemacht hat Israel: Fürchte dich nicht, denn ich habe dich erlöst; ich habe dich bei deinem Namen gerufen; du bist mein" (Jes 43, 1): ich bin getauft.

Und der Friede Gottes, der höher ist als unsere Vernunft, der bewahre unser Herz, Sinn und Verstand in der Liebe des dreieinen Gottes, die uns in unserer Taufe geschenkt ist. Amen.

2. Kor 4, 6 – 10: „Der geheimnisvolle Schatz des Glaubens“

Predigt in Plankstadt am 5. 1. 2020

Liebe Gemeinde, noch im Schein von Weihnachten, zu Beginn des Neuen Jahres und Neuen Jahrzehnts hier in Plankstadt.
Von einem Geheimnis möchte ich Ihnen erzählen. Kein zu lösendes Rätsel ist es – wie etwa bei Günther Jauch „Wer wird Millionär?“. Es handelt sich um ein Geheimnis, das sich offenbar macht und doch Geheimnis bleibt, unverfügbar.
Doch bleiben wir noch neugierig. Behalten wir Ahnen und Staunen.
Wir hören die Botschaft von diesem Geheimnis aus 2. Kor 4, 6 – 10 des Apostel Paulus. Es ist der Brief, in dem Paulus seinen apostolischen Auftrag verteidigt. Hatte er sich nicht – durch das grelle Licht Gottes im Sturz von Damaskus mit Zaudern in diesen Auftrag gestellt, u. zw. mit allen Konsequenzen? Paulus schreibt:
„Denn Gott, der gesagt hat: Aus Finsternis wird Licht erstrahlen, der hat Licht in unsere Herzen hineinstrahlen lassen, um die Erkenntnis der Herrlichkeit Gottes im Angesicht Jesu Christi aufleuchten zu lassen. Wir besitzen aber diesen Schatz in zerbrechlichen Tongefäßen, denn unsere besondere Kraft kommt von Gott und nicht aus uns selbst: In allem bedrängt, aber nicht erdrückt; in Zweifeln, aber nicht verzweifelt; verfolgt, aber nicht im Stich gelassen; niedergeworfen, aber nicht vernichtet. Immer tragen wir das Sterben Jesu am Leib mit uns, damit auch das Leben Jesu an unserm Leib sichtbar werde“ (Bibliothek des Neuen Testaments, Bd 5, übers. u. hrsg. Jörg Scholz).
Ein Brief, den der gelebte Glaube geschrieben hat, die lebensgeschichtliche Erzählung von einem geheimnisvollen Schatz. In diese Geschichte werden wir irgendwie einbezogen, hineinggenommen.

1. Liebe Gemeinde, Enttäuschung, Unrecht, Anfechtung erlitt Paulus. Der physische, psychische, soziale und geistliche Aspekt von Leiderfahrung wirkte metastatisch zusammen. Die bruchstückhafte und verwundbare Existenz, die uns Menschen eigen ist: ein zerbrechliches Tongefäß, Leben als Fragment.
Und Paulus in der Sicht der Korinther, dieser Gemeinde im Getriebe einer großen Hafen- und Geschäftsstadt? Keine vor den Menschen strahlende Persönlichkeit, kein glänzender Redner war er. So gar nicht entsprach er den Erwartungen und Wünschen der Korinther; menschliche Vollkommenheit und geistlicher Krafterweis hätten doch erfahrbar und sichtbar zu sein.
Anders als das humorige Bonmot vom „falschen Christentum“: „Christsein heißt in uns´rer Zeit: Jeder tut sich selber leid“ (Kurt Rommel) bindet Paulus seine Lebensgeschichte – ohne Selbstmitleid – in eine Vertrauensäußerung mit einem „Aber“. Es ist nicht das „Aber“ des Mutes der Verzweiflung oder der Durchhalteparole „Positiv denken!“. Es ist das „Aber“ der Zuversicht und des Glaubens.
Paulus lässt seine Lebensgeschichte hineinnehmen in das Licht des Geheimnisses Gottes, um nun zu erkennen, dass er von Gott schon erkannt worden ist. Das „Aber“ nimmt ihn hinein in die Verheißung der Kraft Gottes, die selbst den Schwachen ermächtigt. Getragen ist das „Aber“ von

der Bitte: „Meine Kräfte sind vertrocknet … Aber der Herr sei nicht ferne; meine Stärke, eile mir zu helfen“ (Ps 22, 16 – 20). Gott bewahrt nicht vor dem Leid, sondern im Leid.
Die Dichterin Annette von Droste-Hülshoff gibt dem Ausdruck:
„Verlassen, aber nicht einsam,
erschüttert, aber nicht zerdrückt,
solange noch das helle Licht
auf mich mit Liebesaugen blickt.“
Und in heiterem Ton sagt der Kabarettist Hanns Hüsch:
„Was macht, dass ich so furchtlos bin
an vielen dunklen Tagen?
Es kommt ein Geist in meinen Sinn,
will mich durchs Leben tragen.
Ich bin vergnügt, erlöst, befreit,
Gott nahm in seine Hände meine Zeit,
mein Fühlen, Denken, Hören, Sagen,
mein Triumphieren und Versagen“.

2. Liebe Gemeinde, Paulus erkennt sich als zerbrechliches Tongefäß – nicht aber als zu entsorgende Flasche – als zerbrechliches Gefäß eines lichtvollen Schatzes. Schatzträger ist er, nicht der Schatz selbst, Lichtträger. Gott hat ihn geschätzt als Träger des Glanzes, der wiederkehren will in die verfinsterte Welt.
Ein Schatz hat für jemanden einzigartigen Wert; gesucht und gefunden ist er das Wichtigste. Man verliert sein Herz an den Schatz. Denn „wo dein Schatz ist, da ist auch dein Herz“. Da gibt es Schätze „auf Erden, wo sie die Motten und der Rost fressen“; da gibt es „Schätze im Himmel“, wie Jesus in der Bergpredigt verheißt.
Paulus ist gewiss, Gefäß dessen zu sein, der das vollmächtige „Ich bin das Licht der Welt“ spricht. Dieser Schatz ist anders. Er bleibt fremd und befremdlich, im Grunde ein Ärgernis, und zugleich das alle Welt erleuchtende Hintergrundslicht; offenbar und verborgen klärt es die Herrlichkeit Gottes auf „in dem Angesicht Jesu Christi“. Angesichtig und ansichtig wird es im Kind in der Krippe und im Mann am Kreuz. Krippe und Kreuz gehören zusammen; und „über deiner Krippe schon zeig uns dein Kreuz, du Menschensohn“ (J. Klepper): das Geheimnis der Offenbarung Gottes als Geheimnis. Es zeigt die Herrlichkeit Gottes in Jesus, einer von uns und doch viel mehr. Denn der die Welt ins Dasein geliebt hat und liebt, bewahrheitet seine leidenschaftliche Liebe in diesem Jesus, der Gottes „väterliches Herz“ als das des Liebenden kundtut.

3. Liebe Gemeinde, wie der alttestamentliche Schöpfungsbericht bezeugt, schied Gottes schöpferisches Wort am Anfang das Licht von der Chaosfinsternis. Entsprechend wird das Licht der neuen Schöpfung im Licht von Weihnachten besungen: „Das ewig Licht geht da herein, gibt der Welt ein neuen Schein“. Es wird gepriesen als die von den Leben zerstörenden und Zukunft verschließenden Mächten befreiende und erlösende Leuchte, und als die das „werte Licht des Glaubens“ entzündende Flamme. Denn „bei dir ist die Quelle des Lebens und in deinem Licht sehen wir das Licht“ zur Erkenntnis des „eingeborenen Sohnes vom Vater, voller Gnade und Wahrheit, und von seiner Fülle haben wir alle genommen Gnade um Gnade“ (Joh 1,)14, 16).
Wende der Welt! Wende der Zeit!
Das Licht leuchtet, der Schatz lässt sich finden, das Geheimnis macht sich vertraut dem, der sich auf es einlässt, ihm vertraut. Und widerspiegelnd in den Glaubenden, leuchtet es weiter, aufgeklärt durch den, der verkündigt: „Ihr seid das Licht der Welt“ (Mt 5, 14); lebt als Kinder des Lichts (Eph 5, 8f) als brennende Kerze auf einem Leuchter, nicht unter dem Scheffel oder als Abglanz auf einer gebrochenen Glasscherbe: eben als die, die Anderen – auch die Unsympathischen und Gegner – schon unter der Verheißung Gottes erkennen und anerkennen.

"Meine Kraft - im Schwachen mächtig", verspricht Christus den mit ihm durch den Glauben Verbundenen: Jesu Verheißung an die Glaubenden. Der Glaube zeigt sich oft wie ein Vogel, der schon am frühen Morgen singt, wenn es noch dunkel ist. Das Licht durchsetzt sodann die Finsternis. Auch wir sind es, die schon etwas von diesem Schatz in irdenen Gefäßen spiegeln – bruchstückhaft, anzeigend, oft nur Spuren oder Spurenelemente. Aber da ist Glut unter der Asche. Der lichtvolle Schatz ist da. Jedes Mal, wenn wir Gott durch uns hindurch andere Menschen lieben lassen, spiegelt sich das Licht von Weihnachten im Alltag. Wir lassen deutlich werden, dass der Glaube an Jesus Christus Freude bereitet und was das Evangelium zum Geschenk macht.

4. Liebe Gemeinde, was macht mich letztlich wertvoll, so wie ich bin, fragt uns dieser Brief des Apostel Paulus abschließend. Ich denke nicht an den Marktwert aufgrund eigener Fähigkeiten und Erfolge. Ich meine uns als Person.
Sie, ein jeder und eine jede, ich und Sie, wir sind wertvoll, immer schon einzig wertgeschätzt – durch das Geheimnis dieses lichtvollen Schatzes für uns. Das Besondere? Nicht wir entdecken und enträtseln das Geheimnis des Schatzes. Vielmehr: der geheimnisvolle Schatz findet uns, ein jeder ein Unikat, wertgeschätzt mit Gottes Liebeserklärung in Jesu Krippe und Kreuz, die sagt: „Du bist mein Schatz!" . Einzig wertvoll und wichtig ist ein jeder vor Gott und so in unserer Mitwelt und Umgebung.

Und dieser geheimnisvolle Schatz von Weihnachten bewahre unsere Herzen und Sinne und unser Tun im Neuen Jahr. Amen.

2. Kor 13, 11 – 13: „Dennoch segnet uns der dreieine Gott"

Trinitatis 2020 in Leimen

„Ich weiß nicht mehr aus noch ein", so trifft mich ihr Aufschrei; gehetzt und gestresst wirkt sie, erschöpft und in sich zerrissen.. Im Gezerre zwischen Mutter, Haushalt, Beruf, zwischen Ehrenamt und Fitness-Center, zwischen Sorge um steigende Miete und Angst um sozialen Abstieg hatte sie, sich selbst optimierend, optimal funktioniert. Doch nun der Burnout und die Frage : wer bin ich? Die Maus im Rotationsrad rotierender Rollen? Einem Roboter gleich, der, algorithmisch bestimmt, effektiv und effizient ist? - Nein! - Und da ist ein Sehnen in uns: ein Sehnen nach Anerkennung, Wertschätzung und Liebe, ein Hoffen auf Glück und Segen, ein Ahnen von Zuversicht und Heil.

1. Liebe Gemeinde, davon spricht der Schluß des 2. Korintherbriefes. Bekanntlich betont ein Schreiber am Schluß des Briefes noch einmal das, was ihm besonders wichtig ist. Der Apostel Paulus weist auf die Beziehung zu Gott und das Verhältnis mit Gott. Nach des Apostels Klagen über den Konflikt, die Zerstrittenheit und Zerrissenheit in der Korinthischen Gemeinde verheißt Paulus nun am Ende des Briefs, „zuletzt", Gottes kraftvoll erneuernde Zuwendung. Das ist das Letzte: der Segen des dreieinen Gottes, Leben fördernd und Zukunft erschließend gegen den Fluch von Uneins, Unfrieden, Unversöhntheit. Und dennoch unverfügbar und unverdient wird Segen geschenkt und erfahren in dieser sich nach Segen sehnenden und Segen benötigenden Gemeinde, die ahnt: „Aller Segen kommt von oben".

In diesem Sinn lauetet die Bitte und Zusage an die Korinther damals und an uns heute: "Die Gnade unseres Herrn Jesus Christus und die Liebe Gottes und die Gemeinschaft des heiligen Geistes sei mit euch allen".

a. „Die Gnade unseres Herrn Jesus Christus sei mit euch".
Gott in Jesus Christus - so der Segensgruß - wende und wendet sich gütig und freundlich uns zu. Zukunft eröffnet er, Leben schenkt er, indem er uns durch Jesus Christus neu in seine Gemeinschaft hineinnimmt. Gegen die Selbstverschließung und Gleichgültigkeit gegenüber Gott lässt er dennoch teilhaben an seinem Segenswirken gegen zerstörerische Fluchkräfte, oft aus dem bösen Herzen des Menschen geboren – und das umsonst, aus Gnade.
Was meint Gnade? Man sagt: Junge Menschen fragen: was ist Gnade?, Ältere Menschen fragen: was ist nicht Gnade? Gnade erweist sich als Grund christlichen Lebens. Erfahrbar macht sich die Gnade den Glaubenden als immer schon Beschenkt- und Angenommensein..
Was meint Glauben? Glaube erweist sich als das unser ganzes Leben bestimmende Vertrauen auf den, der uns gut ist, auf Gott, Es ist der Glaube, der ins Leben führt und auch für andere lebt.
Für den Glaubenden spiegelt sich der gnädig geschenkte Segen auch in der schöpferischen Kraft frühsommerlicher Blüte und reifender Frucht in Pflanzen- und Tierwelt.

b. „Die Liebe Gottes sei mit euch".
Gottes Liebe wird uns in Jesus Christus erkennbar und erfahrbar. Gott, „ein glühender Backofen voller Liebe", wie M. Luther einmal im Bild sagt, wendet sich in Jesus Christus uns zu als der Liebende und schenkt seine Liebe. Das bedeutet Heilung und Heil im Glauben an Jesus Christus. Denn in Jesu Predigt vom Reich Gottes, in Jesu Heilen und Segnen, in Jesu Leiden und Sterben am Kreuz und in seiner Auferstehung hat Gott die Fluchmächte der Sünde und des Todes uns zugut schon überwunden.
Und diese Liebe spiegelt sich wider in der neu entzündeten Liebe Liebender wie auch in der in Blüte erwachenden Natur und in den kosmischen Farben neu entstehender Planeten. Sie wird, von uns empfangen, weitergegeben in Taten der Liebe konkret.

c. „Die Gemeinschaft des heiligen Geistes sei mit euch".
Der heilige Geist, „Neuschöpfer, der zu Christus bringt" (M. Luther), schafft als „Band des Friedens und der Liebe" (2 Kor 3, 17f) bei Verschiedenheit und trotz Zerrissenheit Gemeinschaft und lässt Dankbarkeit und Freude in der Gemeinde erfahren. Er schenkt Geistesgaben und Geistesfrüchte. Als „Angeld" (2. Kor 1, 22) der Hoffnung lässt er voraushoffen, was wir durch den Glauben sind „in Christus" und was sich vollenden wird „mit Christus" bei Gott.
Solches Voraushoffen spiegelt sich wider im nächtlichen Gezwitscher der Vögel, etwa der Amseln und Rotkelchen, noch bevor das Tageslicht anbricht.

2. Die Gnade, die Liebe, die Gemeinschaft des dreieinen Gottes sei mit euch allen, liebe Gemeinde. Unverfügbar und zugleich näher als wir uns selbst sind, ist er, der Schöpfer, Erlöser, Neuschöpfer in seinem Tun. Ihm sei Dank, ihm sei Anbetung im Lobpreis der Gemeinde, im Lobgesang des Alls .
Diese Verheißung überholt unser zerrissenes und zwiespältiges Leben und ist ihm immer schon voraus, wenn wir uns ihr anvertrauen. Es ist das grundlegende, Leben bestimmende Vertrauen auf den, der sich uns erfahrbar macht an jedem neuen Tag, dessen wir uns „versehen alles Guten und bei den wir Zuflucht haben in allem Schweren".
Diese Verheißung wird besonders im Gottesdienst zugesagt und erfahren. Im Gottesdienst dient der dreieine Gott uns durch die Verkündigung des Evangeliums und das Geschenk der Taufe und des Abendmahls; zugleich dienen wir antwortend dem dreieinen Gott im Dank und Lob, im Beten und Tun des Gerechten. Darum wird jeder christliche Gottesdienst in der Perspektive des dreieinen

Gottes und mit dem dreieinen Gott gefeiert. Wir kommen zusammen „im Namen des Vaters und der Sohnes und des heiligen Geistes“. Und mit dem Schlußsegen werden wir unter dem Zeichen des Kreuzes in die Welt gesandt: „Der Herr segne dich und behüte dich. Der Herr lasse sein Angesicht leuchten über dir und sei dir gnädig. Der Herr hebe sein Angesicht auf dich und gebe dir Frieden“. Der dreieine Gott sei mit euch und ist mit euch allen. Das gilt gerade am heutigen Trinitatisfest: In die umfassende Liebesgeschichte Gottes sind wir hineingenommen; preisend antworten wir im Gotteslob: „Gelobet sei der Herr, des Name heilig heißt, Gott Vater, Gott der Sohn und Gott der werte Geist“ (EG 139, 4).

3. Liebe Gemeinde, das Sich-erfahrbar-machen des dreieinen Gottes mit der Verkündigung des Evangelium führt Menschen zusammen, schafft Gemeinde durch das Wirken des heiligen Geistes . Dieser erhält den einzelnen „im echten einigen Glauben, gleich wie er die Gemeinde und die weltweite Christenheit erhält, sammelt“ und sendet. Christen leben in und mit der Gemeinde; und wo Gott in ihrer Mitte ist, da wirkt er das Mit- und Füreinander. Gottes Verheißung ist es, die gilt; sie wirkt, was sie sagt, am Glaubenden. „Wie der Regen und Schnee vom Himmel fällt und nicht wieder dahin zurückkehrt, sondern feuchtet die Erde und macht sie fruchtbar und lässt wachsen, dass sie gibt Samen zu säen und Brot zu essen, so soll das Wort, das aus meinem Munde geht, auch sein. Es wird nicht wieder leer zu mir zurückkommen, sondern wird tun, was mir gefällt, und ihm wird gelingen, wozu ich es sende“ (Jes 55, 10f).
Und da ist ein Sehnen nach Glück und Segen in unserer Gesellschaft und in unserer Kirche, ein Sehnen nach gelingendem Leben, ein Ausschauen nach Segen und Segnen in glücks- und segensbedürftiger Zeit. An den Schnittstellen, den Umbrüchen, den Anfängen auf dem Lebensweg wünschen wir dies: Glück und Segen wird zugesagt, Gutes. Dabei entspricht der weltliche Ausdruck Glück dem biblischen Wort Segen. Nicht Leid steht ihm entgegen, sondern alles, was mit Fluch zusammenhängt, was Leben zerreißt und Zukunft verschließt.
Und da verbindet sich mit den Wünschen für Gesundheit, Ernte, Gelingen, Wohlsein, Zufriedenheit und Freude ein Ahnen: „An Gottes Segen ist alles gelegen“, „Wo der Herr nicht das Haus baut, da bauen umsonst die daran bauen“ (Spr 127, 1), denn „die Furcht Gottes ist aller Weisheit Anfang“ (Spr 1, 7; Ps 111, 10).
Grüße und Wünsche im kirchlichen und persönlichen, aber auch im gesellschaftlichen Miteinander deuten darauf:“Guten Tag“, „Grüß Gott“, „ Adieu“, „Behüt´ dich Gott“. Gutes, Glück und Segen wird gewünscht. Und bei Christen sind Wünsche zugleich Gebetet.
Sein Segen und Segnen spiegelt sich auch wider jetzt im sommerlichen Wachsen und Ernten: bunte Blumen, frisches Grün, gesundes Wasser, saubere Luft, gelungener Hausbau, zufrieden stellende Arbeit, neue Geburt, versöhnte Partnerschaft, und weiter freiheitlicher Rechtsstaat, Sozialgesetze, Friede, Schalom.
Liebe Gemeinde, der Segen des dreieinen Gottes wird persönlich verheißen und zugesagt in personalen Beziehungen und Begegnungen. Ein Segensroboter vermag das nicht. Nein.
Segen und Segnen verheißt und schenkt der dreieine Gott. M. Luther beschreibt ihn konkret und lebensnah erfahrbar in der Erklärung des Kleinen Katechismus, bei allem gesellschaftlichen Wandel weiter geltend, „dass mich Gott geschaffen hat samt allen Kreaturen, mir Leib und Seele, Augen und Ohren und alle Glieder, Vernunft und alle Sinne gegeben hat und noch erhält, dazu Kleider und Schuh, Essen und Trinken, Haus und Hof, Partner und Kinder, Äcker, Vieh und alle Güter, mit allem, was not tut für Leib und Leben, mich reichlich und täglich versorgt, in allen Gefahren beschirmt und vor allem Übel behütet und bewahrt, und das alles aus lauter väterlicher, göttlicher Güte und Barmherzigkeit, ohn all mein Verdienst und Würdigkeit“.

Liebe Gemeinde des Trinitatisfeste, „die Gnade unseres Herrn Jesus Christus und die LIebe Gottes und die Gemeinschaft des heiligen Geistes sei mit euch allen“; so die Verheißung und Zusage des

Segen des dreieinen Gottes heute – dennoch - gegen unsere Konflikte und Spaltungen, Zerrissenheit und Zerrüttung und hinein in unser Suchen und Sehnen

.

Ihm, dem Schöpfer, Erlöser und Neuschöpfer, dem Vater, dem Sohn und dem heiligen Geist, sei Dank und Lob. Amen.

1. Petr 1, 3 – 9 „Lebendige Hoffnung"

Quasimodogeniti (19. 4. 2020) in Leimen

„Friede sei mit euch!", so trat, wie in der Schriftlesung (Joh 20, 19 – 29) eben gehört, der auferstandene Christus mitten unter die verängstigten und verzweifelten Jünger und verheißt den heiligen Geist. „Friede sei mit euch!", so spricht der auferstandene Christus zu uns, ob ängstlich oder zweifelnd oder glaubend. „Friede sei mit euch!", Friede, Schalom: Heil eures Lebens, gelingenden Lebens im Sog des ewigen Lebens. Ein Verheißungswort, das gilt – damals den ersten Jüngern und dann den späteren Jüngergenerationen und so heute, immer wieder neu.

1. Darum: „Gelobt sei Gott, der Vater unseres Herrn Jesus Christus, der uns nach seiner großen Barmherzigkeit wiedergeboren hat zu einer lebendigen Hoffnung durch die Auferstehung Jesu Christi von den Toten". Liebe Gemeinde, so verkündigte D. Bonhoeffer bei seiner letzten Andacht am heutigen Sonntag Quasimodogeniti vor 75 Jahren in Schönberg. Es ist der Lobvers eines Taufgedächtnisliedes. Wenige Minuten später wurde er zu seiner Hinrichtung im KZ Flossenbürg abgeholt: Seine letzten Worte: „Das ist das Ende – für mich der Beginn eines neuen Lebens". Bonhoeffer nannte Christen „Menschen der Zukunft" durch den Glauben („Akt und Sein", Mü 1989, 6). Er ist heute eine „fraglose Autorität" der Verheißung Gottes und des Glaubensmutes, ein exemplarischer Christ über Kirchengrenzen hinweg. Die Gewissheit „letzter" Hoffnung war der Grund für seine „vorletzten" Hoffnungen, für die er sich in seinem fragmentarischen Leben engagierte. Denn nicht zu trennen sind die Wirklichkeit Christi und die Wirklichkeit der Welt. Zeugnis gab er mit der biblisch-reformatorischen Botschaft von Gottes Gnade und Erbarmen in Jesus Christus; so würdigt er die Welt als Ort der Gegenwart Gottes und der Bewährung verantwortlich gelebten Glaubens. Er gibt „Rechenschaft von der Hoffnung, die uns geschenkt ist" (1. Petr 3, 15), wie es auch heute nicht wenige in der weiten Welt unter Erschwernissen und Verfolgung tun, etwa die Christin Asia Bibi, wie wir aus den Medien erfuhren.
Bonhoeffer verkündigt, was wir als Christen zu hoffen haben; er erinnert in die Zukunft.

2. Er verkündigt zuerst die „letzte" Hoffnung, die uns geschenkt ist, liebe Gemeinde. Unser Bibelabschnitt nennt diese Hoffnung deutlich und klar: soteria, das Heil unsers Lebens; „das Leben", sagt Bonhoeffer, das „ewige Leben", Leben mit und bei Gott.
Es sind biblische Bilder, die in symbolischer Sprache versuchen, diese Hoffnung zu veranschaulichen wie das zukünftige Freudenmahl, der neue Himmel und die neue Erde, die selige Schau und die Gemeinschaft mit Gott, mit Bonhoeffer „jener volle Klang der Welt, die unsichtbar sich um uns weitet, all deiner Kinder froher Lobgesang". Es handelt sich um offene Bilder, tastende Rede, staunende Sprache. Bilder und Symbole weisen über sich hinaus. Metaphern erhellen und erstellen Wirklichkeit. Diese Spurensuche und Sprachversuche weisen auf das neue Leben jenseits geschöpflicher Zeit. Gott als Hoffnungsgut wird nur in verneinender Sprachform als „unvergängliches, unbeflektes und unverwesliches" Geschenk, den Kategorien von Raum und Zeit

enthoben, staunend Ausdruck gegeben. Für den Glaubenden sind das keine Traumvorstellungen oder Projektionen eigensüchtiger Wünsche und Sehnsüchte, sondern Hinweise auf die zukünftige Herrlichkeit.

Genau diese christliche Hoffnung preist das Tauflied des 1. Petrusbriefes. Preisende Rede erweist sich als besonders ausdrucksstark. Sie weist über sich hinaus. Sie verbindet Anerkennen und Bekennen dessen, was wir uns nicht selbst ermöglichen und nicht selbst geben können.

Dieser Lobpreis ertönt gegenwärtig auch auf dem Hintergrund der erfahrenen Hoffnungszeichen in der Schöpfung; wir erleben sie jetzt im Frühling: die sprießenden Knospen der Magnolien, das träumende Blau der Veilchen, das frische Grün, das reine Schmelzwasser, der aufkommende Morgen, die zunehmende Genesung, die glückliche Geburt – Spuren schöpferischer Kraft und Schönheit sind es, häufig Spurenelemente. Zeichen der Herrlichkeit der Schöpfung sind es, meist Anzeichen. „Vorletzte" Hoffnungssignale sind es im Kreislauf der Natur und nur Spiegelbilder der „letzten" Hoffnung. Wissen wir doch, dass nicht alle Blütenträume reifen. Der Morgen wird Nacht, das Grün vergilbt, die Knospe verwelkt im Werde und Stirb, das Altern bringt Verfall, das Geborene erleidet den Tod. Fragmentarische Hinweise sind es für das Leben in der Vollendung, das uns in der Taufe als „mitauferstehen mit Christus" verheißen ist (Röm 6, 4).
Das Tauflied verkündigt preisend die „letzte" Hoffnung von uns Christen als die – gegen den eindimensionalen Lebensstil von „gut essen und schnell und leicht sterben" gerichtete – lebendige Hoffnung. Diese Hoffnung besagt, dass mit Sterben und Tod nicht alles aus ist. Diese Hoffnung bekennt, dass wir – ein jeder in seiner Besonderheit – durch Gottes Erbarmen Ewigkeitsbedeutung haben im Urteil des eiferheiligen Gottes. Esoterische oder reinkarnatoriche Vorstellungen, aber auch Vertröstungstheorien verblassen vor dieser Hoffnung. Sie hat nämlich ihren realen Grund.

3. Das Alleinstellungsmerkmal, das Neue dieser Hoffnung liegt in ihrem realen Grund: in der Auferstehung des gekreuzigten Christus. „Mut zur Hoffnung" gründet damit nicht im „Prinzip Hoffnung", sondern in der Person Jesu Christi. Gottes Tat in der Auferstehung Jesu Christi von der Toten erschließt sich als Quellgrund und Anbeginn der „letzten" Hoffnung. Christus ist der „Erstling" erfüllter Hoffnung, u. zw. der „letzten" und auch der „vorletzten". Seine Auferstehung erweist sich als der „Anfang des neuen Lebens in der Kraft des heiligen Geistes" ; das neue Leben der Christen hat den Quellgrund in der Auferstehung Christi.
Der Anfang des neuen Lebens, d. h. der neuen Wirklichkeit und des neuen Wirklichkeitsverständnisses, wird in der Taufe zugesagt und zugeeignet. So wird die Taufe das Tor des neuen Lebens mit den Auferstehungswegen der glaubend Hoffenden. Durch die Taufe werden die Glaubenden hineingenommen in die Heilstat Gottes und in sein Kraftfeld. Das Tauflied nennt es unsere „Wiedergeburt", die Geburt aus Wasser und Geist. Die Glaubenden werden – wie Bonhoeffer mit den biblischen Zeugnissen sagt – durch den heiligen Geist „gleichgestaltet" mit Christus, er, der eingeborene Sohn Gottes unser erstgeborener Bruder. Christus victor, der Sieger, am Tag der Auferstehung, des Todes Tod, und Christus victor, der Sieger, am Tag der Taufe der „Menschen der Zukunft" Gottes. Welch kostbares Gut ist da da unsere Taufe! Gottes Gnadengeschenk und Hoffnungsgabe an uns ist sie.
Wissen wir eigentlich noch, dass und wann wir getauft sind?

4. Die „letzte" Hoffnung bestimmt die „vorletzten" Hoffnungen, liebe Gemeinde. Sie begrenzt einerseits die „vorletzten" Hoffnungen, läßt sie zeitlich und bruchstückhaft bleiben; „letzte" Hoffnung verleiht diesen andererseits ihre dynamische Kraft im gemeindlichen, sozialen und geschöpflichen Geschehen. Und so werden auch die Frühlingsnatur und die kreativen und innovativen Anfänge zu Hinweisen auf die „letzte" Hoffnung.

Für den Christen erfüllt sich die Hoffnung schon im Dank für das Geschenk des Glaubens und in der Freude über erfahrene und tätige Liebe, sagt unser Bibelabschnitt. Denn wie die christliche Liebe vom Quellgrund lebt, so der vertrauende Glaube vom verheißenen Ziel. Diese Quelle und dieses Ziel ist Jesus Christus, unser auferstandener Herr.
Die Heidelberger Lyrikerin Hilde Domin konnte - selbst nach ihrem schweren Lebensweg als Jüdin - bekennen: „Das Hauptwort in meinem Lebensbericht ist Vertrauen: dennoch Vertrauen."
Christlicher Glaube, d. h. das Leben bestimmende Vertrauen, meint die gewisse Zuversicht auf die Verheißung, dass Gott kommt, sein Heil vollenden, die „letzte" Hoffnung erfüllen wird, die er in Jesus Christus für uns anbrechen ließ. Und Gottes Kommen nimmt uns durch den Glauben hinein in sein neuschaffendes Leben. So der 1. Petrusbrief.
Gewiss, der Glaube führt durch Anfechtungen; aber der Glaubende wird durch diese hindurch getragen. Die Gemeinde des 1. Petrusbriefes erfuhren das, wie auch später Bonhoeffer. Er, der kein Heiliger, sondern ein Glaubender werden wollte, erlebte Bedrückung und Gottesferne. Die „Unsichtbarkeit Gottes macht uns kaputt … Dies wahnwitzige dauernde zurückgeworfensein auf den unsichtbaren Gott", schreibt er einmal (an H. Rössler am 18. 10. 1931 in: GS I, 61). Und doch: Gott ist da, auch hier. Gott ist mitten im Leben da, die Offenbarung Gottes als Geheimnis seiner Verborgenheit. Bonhoeffer machte die Erfahrung: Unsere Hoffnung ist stärker als Anfechtung und Angst. Und die Hoffnung der Glaubenden lässt nicht zuschanden werden; was sie glauben, das geschieht entsprechend der Verheißung Gottes.
Glaube und Hoffnung, Hoffnung und Glaube sind verbunden im Leben der Christen. Denn Christus, ihr Grund und Ziel, ist da, gegenwärtig durch den heiligen Geist; „Christus lebt in mir" durch den Glauben (Gal 2, 20). In der Verkündigung des Evangeliums, in der Gabe von Taufe und Abendmahl schenkt er sich, zu „letzter" Hoffnung und zu „vorletzten" Hoffnungen ermächtigend. Und „man sihets am Leben, …, was wir von der Taufe halten", predigte Luther (WA 49, 420,3f). In diesem Sinn wird erzählt, dass Luther in Zeiten von Anfechtung und Angst vor sich hinschrieb: „Baptizatus sum. Ich bin getauft" und dann ans Werk ging „mutig und keck", gewiss in der Hoffnung, die in der Auferstehung Jesu Christi verheißen ist, und beharrlich im Glauben, der geschenkt ist vom heiligen Geist. Es ist der in Treue und Beharrlichkeit gelebte Glaube, bewährter als Gold, das bekanntlich die Feuerprobe von Krise und Inflation am besten zu bestehen scheint.

So leben wir Christen als „Menschen der Zukunft", als Menschen der Zukunft Gottes. Geben wir „Rechenschaft von der Hoffnung, die uns geschenkt ist" (1. Petr 3, 15), Rechenschaft von der „letzten" Hoffnung bei und mit Gott und von unseren „vorletzten" Hoffnungen auf Frieden, Gerechtigkeit und Bewahrung der Schöpfung; dem gilt engagierte Liebe und verantwortlicher Dienst auf unserem kleinen blauen Planeten. Anwalt der „letzten" Hoffnung und damit auch der „vorletzten" Hoffnungen sind die Christen auf ihren Auferstehungswegen.
Mögen wir und unsere Gemeinde ein Ort der Hoffnung sein durch den Glauben an unseren auferstandenen Herrn Jesus Christus; darum mit Bonhoeffer heute am Sonntag „Quasimodogeniti": „Gelobt sei Gott, der Vater unseres Herrn Jesus Christus, der uns wiedergeboren hat zu einer lebendigen Hoffnung durch die Auferstehung Jesu Christi von der Toten" Amen.

Mk 2, 1 – 12: „Jesus sagt: Dir ist vergeben, steh auf!“
Mittwochfrühgottesdienst (20. 2. 2019) in der Peterskirche

Erfahren durfte ich es als Gemeindepfarrer mehrmals: Gemeindeglieder brachten nach durch ärztliche Kunst gut verlaufener Operation eine Spende als Dank für Gottes Bewahrung.
Ein Erlebnis wurde mir besonders eindrücklich: Der Mann, dem Kirche und Glauben fern waren, überkam unerwartet eine sehr schwere Krankheit. Seine Ehefrau, mir durch ihre natürliche Frömmigkeit gut bekannt, bat mich mit Wissen des Mannes um ein Hausabendmahl am Bett des Kranken zusammen mit den beiden herangewachsenen Töchtern. „Feier der Vergebung und des Lebens ist doch das Abendmahl“, betonte sie. So taten wir. Danach langsam über einen längeren Zeitraum erholte sich der Kranke. Eine neue Zeit wurde ihm geschenkt, „von Gott“, wie der Ehemann selbst sagte.

1. Von einem Schwerkranken, von einem Gelähmten in Kapernaum, erzählt das Markusevangelium. Lähmung, ob von Jugend auf oder durch einen Schlaganfall, bedeutet: der Kranke ist eingeschränkt und behindert in seiner Bewegung; er ist angewiesen auf die Hilfe anderer. Er fühlt sich sozial ausgegrenzt; am aktiven Leben hat er weniger Anteil.
Lähmung, ob durch eine Wirtschafts- oder eine Epidemiekrise, droht eine Gesellschaft , traumatisiert, teilweise zum Stillstand zu bringen. Geschäfte, Restaurants, Kinos müssen schließen. Betriebe beantragen Insolvenz. Kurzarbeit und Arbeitslosigkeit nehmen zu. Krankenhäuser sind überlastet. Der Auftrag der Kindertagesstätten, der Schulen, der Seniorenheime kann nur durch überhöhte Anstrengungen von Erzieherinnen, Lehrer und Altenpfleger erfüllt werden.
Zunehmende Infektionszahlen werden als Bedrohung erlebt. Gesetzliche Einschränkungen führen bei einigen wenigen zu Verschwörungstheorien.
Lähmung auch in Gemeinde und Kirche, ob durch Schließen vertrauter Gemeinderäume oder durch bloßes Verschieben geplanter Zusammenkünfte und Veranstaltungen. Die Begrenzung der Besucherzahl der möglichen Gottesdienste macht traurig trotz vieler gelungener Internet-Angebote. Die persönlichen Kontakte gehören eben zum Leben der Gemeinde.

Die Eingrenzung, das Gefühl der Bedrohung, der Mangel an Beziehung führt zu Lähmung. Eingeengt sehen manche nur noch sich selbst, drehen sich, hinter der Maske, angstvoll um sich, ohne Kontakte nach außen. Die Frage nach Besserung bestimmt alles. Der weiter reichende Blick für Andere, selbst für Gott droht zu verdämmern. Alles verfinstert sich, auch Gott.

2. In die Situation des Stillstands, liebe Gemeinde, kommt Bewegung, erzählt der Evangelist Markus.
Vier Männer tragen die Bahre mit dem Gelähmten zu Jesus. Umgetrieben sind sie von der Bitte des heutigen Wochenspruchs: „Heile du mich, Herr, so werde ich heil“. Und sie vertrauen darauf, dass Jesus heilen wird.
Sie helfen dem Gelähmten, von dem wir sonst nicht viel wissen. Sie tun es aus Mitgefühl und im Vertrauen auf Jesus. Stellvertretend für den, den sie zu Jesus bringen, glauben sie, dass Jesus helfen kann.
Der stellvertretende Glaube trägt andere mit; er wirkt viel: nicht nur die diakonischen Dienst für Mühselige und Beladene, auch der Glaube des Mannes für die kranke Ehefrau, der Eltern für die Kinder auf dem Weg, die Gebete der Oma für die Enkel, die Fürbitten der Gottesdienstgemeinde für Notleidende und Kranke, für die Verantwortlichen in Kirche und Gesellschaft. Glaube und Gebet vermag viel.

Und Stellvertretung öffnet Zukunft: in der Gemeinde, zwischen Gemeinden und Kirchen – etwa bei der Verteilung der Dienste nach Gaben und Fähigkeiten angesichts kleiner werdender Gemeinden und Kirchen. Nicht alles muss es überall geben.

Die vier Männer kommen nun nicht an Jesus heran. Dennoch, so groß ist ihr Glaube, dass sie im wörtlichen Sinn Mauern übersteigen. Sie klettern aufs Dach des Hauses, in dem Jesus vom Reich Gottes predigt. Sie räumen es frei, hieven die Bahre aufs Dach und lassen den Gelähmten durch die Öffnung herab direkt vor Jesu Füße.
Glaubende sind nicht nur betroffen und bestürzt vom Elend anderer; sie handeln, und zwar konkret.

Als Jesus das Mitgefühl und den Glauben dieser vier Männer sieht, hilft er dem Gelähmten.

3. Doch, liebe Gemeinde, so ganz anders als erwartet, hilft Jesus. Sein Predigen, sein Helfen weitet den Blick über die alles beherrschende Frage nach allein eigenem Wohlergehen. Er richtet die Augen weit darüber hinaus auf Gott. Er nimmt den Kranken hinein in die Beziehung zu Gott und in das Kraftfeld des Reiches Gottes.
Die Lähmung hatte den Mann auf der Bahre ganz in Beschlag genommen. In sich selbst kreiste er und um sich sorgte er; auch die Beziehung zu Gott war weg. Und dennoch - Jesus wendet sich ihm zu: Auch du gehörst zu Gott; Gott erinnert sich auch an dich; er hat dich lieb. „Dir ist vergeben", Gott nimmt dich neu in seine Gemeinschaft. Leben und Seligkeit jetzt und in Ewigkeit verheiße ich dir.

Einige Klüglinge murren, weil sie ahnen, dass Jesus mehr ist als ein Heiler, dies aber nicht wahr haben wollen, ihm vielmehr Gotteslästerung vorwerfen: Nur Gott könne Sünden vergeben, aus den Verstrickungen der Macht der Sünde retten; Sünde hat eben Folgen, schwer lastende. Vergebung schafft Befreiung, schenkt neues Leben, Zukunft.
Da nun sagt Jesus direkt: „Steh auf, nimm dein Bett und geh!" Geh, wandle, sei und werde gesund. Gesundheit ist kein Besitz, kein perfekter Zustand, vielmehr ein Werden mit Höhen und Tiefen. Gesundheit ist Gabe und Aufgabe: Gesundheit wird als Geschenk erlebt und wegen der Verwundbarkeit verantwortlich vor Gott gelebt. „Steh auf, nimm dein Bett und geh!".
Zum Staunen und Entsetzen aller – Der Gelähmte steht auf und geht. Er lässt sich physische Gesundung schenken. Ob er auch Vergebung, die neue Beziehung mit Gott annimmt, das Geheimnis Jesu ihm persönlich aufleuchtet, persönlich berührt, wir wissen es nicht. Aber wir sind gewiss, dass das Mitgefühl und der stellvertretende Glaube der vier Männer ihn getragen hat und trägt.

Entsprechend durfte ich es durch die anfangs berichteten Abendmahlsfeier mit dem Schwerkranken erfahren. Der Glaube der Ehefrau trug den Ehemann. Hier in der Erzählung des Markus waren es die vier Männer, die stellvertretend glaubten und gewiss waren, dass Jesus Christus heilt und hilft: Jesus, sein Name bedeutet „Gott heilt, Gott rettet", Jesus befreit sowohl von der körperlichen Lähmung wie von der psychischen Selbstverkrümmung und von der Verschlossenheit gegen Gott. Jesus schenkt Vergebung und Heilung.

4. Liebe Gemeinde, nicht um allgemeine Überlegungen geht es im Bericht von Jesu Heilung des Gelähmten, etwa wie sich Sünde und Krankheit, Vergebung und Heilung zu einander verhalten. Der Evangelist erzählt von der konkreter Hilfe Jesu und vom Geheimnis dessen, der der Christus ist. Die vier Männer erahnen es im Glauben; die Klüglinge lehnen es ab. Die Menge zeigt Betroffenheit über das Mirakel; man ist irgendwie beeindruckt.

Wer ist Jesus Christus damals und heute für uns, für mich ? Darum geht es letztlich.

Ein Geheimnis war er damals und ist er heute: Dem Glaubenden offenbart Jesus sich als Geheimnis dessen, der mir meine Sünden vergibt, d. h. mein Verdrängen Gottes und seiner Gebote, die schuldhaften Verfehlungen mit ihren Folgen. Jesus ist es, der mir sagt: „Dir ist vergeben“ und „Steh auf und wandle“, befreit auch vom Eifern nach nur eigenem Wohlergehen. Unser Leben, begrenzt und verwundbar, ist mehr. Vor und mit Gott ist es mehr durch eine Hoffnung, die bis in die Ewigkeit reicht. Unsere Bestimmung richtet sich auf Gott. Unser Heil und Wohl kommt aus dem Quellgrund der Liebe Gottes. Und unser Lebensweg führt seinem Kommen entgegen.

Wir alle, krank oder wohl auf, zuversichtlich vor oder umgetrieben von bedrohlichen Szenarien, haben eine Hoffnung; es ist die Hoffnung, die stärker ist als Sorge und Angst. Unsere Hoffnung ist - irgendwie ein Geheimnis - Jesus Christus, unser auferstandener Heiland und Herr.

Und der Friede Gottes, der höher ist als unsere Vernunft, der bewahre unsere Herzen und Sinne und unser Tun im Glauben, auch stellvertretendem Glauben, an Jesus Christus. Amen.

Joh 5, 1 – 16: „Da hilft nur noch ein Wunder“

19. So n. Trin (27. 10. 2019) in Walldorf

Bei meinen Geburtstagsbesuchen, vor allem bei Seniorinnen und Senioren, - früher auch Krankenbesuchen – begegnet mir oft der Wunsch „Hauptsache gesund“. Nur zu berechtigt ist er angesichts der Verletzlichkeit von Leben und Gesundheit. Auch der andere Satz „Da hilft nur noch ein Wunder“ begegnet mir - aber seltener.
Von Kranksein und Gesundwerden erzählt der als Predigttext vorgeschlagene Bibelabschnitt Joh 5, 1 – 16:

„Danach war ein Fest der Juden, und Jesus zog hinauf nach Jerusalem. Es ist aber in Jerusalem beim Schaftor ein Teich, der heißt auf Hebräisch Betesda. Dort sind fünf Hallen; in denen lagen viele Kranke, Blinde, Lahme, Ausgezehrte.
Es war aber dort ein Mensch, der war seit achtunddreißig Jahren krank. Als Jesus ihn liegen sah und vernahm, dass er schon so lange krank war, spricht er zu ihm: Willst du gesund werden? Der Kranke antwortet ihm: Herr, ich habe keinen Menschen, der mich in den Teich bringt, wenn das Wasser sich bewegt; wenn ich aber hinkomme, so steigt ein anderer vor mir hinein. Jesus sprich zu ihm: Steh auf, nimm dein Bett und geh hin! Und sogleich wurde der Mensch gesund und nahm sein Bett und ging hin.
Es war aber Sabbat an diesem Tag. Da sprachen die Juden zu dem, der geheilt worden war: Heute ist Sabbat, es ist dir nicht erlaubt, dein Bett zu tragen. Er aber antwortete ihnen: Der mich gesund gemacht hat, sprach zu mir: Nimm dein Bett und geh hin. Sie fragten ihn: Wer ist der Mensch, der zu dir gesagt hat: Nimm dein Bett und geh hin?

Der aber geheilt worden war, wusste nicht, wer es war; denn Jesus war fortgegangen, da so viel Volk an dem Ort war.
Danach fand ihn Jesus im Tempel und sprach zu ihm: Siehe, du bist gesund geworden; sündige nicht mehr, dass dir nicht etwas Schlimmeres widerfahre. Der Mensch ging hin und berichtete den Juden, es sei Jesus, der ihn gesund gemacht habe. Darum verfolgten die Juden Jesus, weil er dies am Sabbat getan hatte".

1. Liebe Gemeinde, dort im Sanatorium am See mit Namen „Haus der Barmherzigkeit" hoffen die unterschiedlich Kranken auf Besserung, Heilung, Gesundung. So auch dieser eine Langzeitkranke über 38 Jahre. Ohnmacht und Hilflosgkeit kennzeichnen seine Situation. Andere sind schneller, gehen vor oder werden vorgelassen. Scheinbar drein gegeben hat er sich in sein Kranksein, in Krankheit als Anzeichen von Sterben und Tod.Er ist enttäuscht, allein und allein gelassen, krank an Leib und Seele. Selbst die Klage ist verstummt, der Mund verschlossen für das „Heile mich ...Hilf mir". Die nur noch wenig mit verglimmender Hoffnung gepaarte Geduld hat ihn seelisch verzehrt. Der Rest ist Schweigen.
Da, da geht Jesus auf ihn zu. Jesus fragt ihn und hört zu; dann spricht er ohne Umschweife, direkt: „Steh auf, nimm dein Bett und geh hin!". Und sogleich wurde er gesund und nahm sein Bett und ging hin. Da half nur noch ein Wunder. Dem Kranken am Teich Betesda wurde eine neue Lebenszeit gegeben. Er konnte aufrecht gehen, kam unter die Leute, hatte Gemeinschaft, besuchte den Tempel. Ein Wunder!

2. Nicht leicht fällt es, liebe Gemeinde, die Erzählung vom Wunder heute einfach zu akzeptieren. Das mag besonders für den Ort des weltbekannten Softwarekonzerns gelten, wo die Sicherheit mathematisch-naturwissenschaftlich kontrollierten Forschens gilt und genug ist.
Solch unverrückbares Wissen gibt in Zeiten des Wandels eindeutige Antworten, schenkt Sicherheit in komplexer Unüberschaubarkeit. Diese Sicherheit will für alle Lebensbereiche letztgültig werden. Da ist ein Sehnen nach Sicherheit, die alles Mögliche entzaubert oder wegblendet, die Möglichkeit von Unberechenbarem, Nichtplanbarem, Nichtplausiblem ausblenden will.
So wird dann für die plötzliche Krankheit nur die Schuld und der Schuldige gesucht: ungesunde Ernährung und zu wenig Bewegung, falsche Diagnose, ungenaue Therapie und nicht gelungene Operation. Es wird plausibilisiert, denn alles muß ja funktionieren. Alles soll machbar sein, so dass menschliches Machen zum menschlichen Schicksal wird und Letztgültigkeit erhält. Diese eindeutige Sicherheit begrenzt den Menschen letztlich auf sich selbst und sein Wissen, auf den Menschen allein.

Zugleich erleben wir tagtäglich, wie verwundbar und zeitlich begrenzt menschliche Existenz ist. Wir beobachten auch die Bruchstückhaftigkeit und Vieldeutigkeit von Wissen: unser Wissen nur eine Insel im großen Ozean. Da kommt es auf dem

persönlichen Lebensweg zu unerwartet aufbrechenden Geschehnissen, z. B. das gegen Diagnose und Prognose erlebte Gesundwerden. In der Geschichte eines Volkes und von Völkern ereignen sich unplanbare Veränderungen und plötzlich hereinbrechende Wenden, z. B. der Mauerfall und die Einung Deutschlands vor 30 Jahren. Woran wir uns in diesen Tagen dankbar erinnern.
Es bleibt die Offenheit für die Möglichkeit des Nicht-Berechenbaren und des Nicht-Machbaren, eben für das Wunder, für die Möglichkeit, die das Erkennen und Erfahren weit macht und die Wirklichkeit entgrenzt. Mit dieser Möglichkeit des Wunders bleibt der Menschen nicht bei sich selbst, seinem Wissen und seinem Sicherheitsbestreben. Er ist offen für mehr, auch für Gott und Gottes wunderbares Handeln.
„Wir sollen Mensch sein und nicht Gott. Das ist die Summa", wie M. Luther einmal schreibt (an Spalatin am 30. 6. 1530, in: WABr 5, 415, 45). Denn „die Furcht Gottes ist aller Weisheit Anfang" (Spr 1, 7; Ps 111, 10).

3. Nach der Wundergeschichte – eine Gegenwelterzählung – des Evangelisten Johannes, liebe Gemeinde, bricht Jesus Christus ein in die heillose, von Krankheit als Aussatz der Verderbensmächte verfinsterten Welt. Ein „Zeichen" nennt der Evangelist das Wunder Jesu. Ein Zeichen verweist auf etwas Bezeichnetes. Hier ist es das staunende Vorzeichen auf die wunderbare und herrliche Gnade Gottes, von dessen „Fülle wir alle Gnade um Gnade empfangen haben" (1, 16).
Am Sabbat wird der Kranke am Teich Betesda geheilt. Das Wunder bleibt kein namenloser „Kurs in Wundern"; es bleibt nicht anonym. Denn in der Freiheit gegenüber dem Sabbatgesetz - das ganze Gesetz konzentriert sich in ihm - , offenbart sich der, dessen Name Jesus „Gott hilft, Gott heilt" meint, und der hier am Teich Betesda heilt an Leib und Seele: Jesus, der Christus; in ihm ist Gott der Vater am Werk.
Ganz erneuert Jesus die Existenz dessen, dem er Heiland wurde. Als es wieder zu einer Begegnung im Tempel kommt, gibt Jesus dem, den er von der Krankheit als Zeichen von Finsternis und Tod in der Welt befreit hat, die Weisung auf den Weg: „Sündige hinfort nicht mehr!" Warum diese Weisung Jesu? Sünde, der Riß der Gemeinschaft mit Gott, zeigt sich auch als Leben hindernde und Zukunft verschliessende Macht. Leid, Zerstörung, Unfriede Ungerechtigkeit und Tod sind die Folgen, wie in der Karlsruher Kunsthalle das Bild von Otto Dix „Todsünden", Anti-Tugenden, in der Ökologie des Leibes und der ‚Seele, des Miteinander und der Mitwelt anzeigt: Hybris, Hass, Neid, Trägheit, Völlerei, Sexismus, Egoismus. Körperliches und seelisches Leid, soziale Zerrissenheit und Spaltung, Zerstörung der natürlichen Ressourcen ‚Leid; todbringende Finsternisse sind die Folgen.
„Sündige hinfort nicht mehr!". Lass dich nicht ein auf das, was Finsternis und Tod verbreitet. „Steh auf, nimm dein Bett und geh" mit aufrechtem Gang auf weiten Raum; lenke deine Schritte auf den Weg des Lebens.
Und da sind auch die, die nach Unfall und Niederlage mit Krankheit und Leid auferstehen – eingeschränkt oder wohlauf – den Weg des Lebens gehen.

„Steh auf, nimm dein Bett und geh!“, liebe Gemeinde, Zusage und Weisung Jesu zu neuem Leben ist dies immer wieder und so auch an uns mit unserer Sehnsucht nach Gesundheit und Erfüllung, nach Heilung und Heil. Mit befreitem Blick für die „Herrlichkeit des eingeborenen Sohnes voller Gnade“ (Joh 1, 14) empfangen wir von seiner Fülle täglich und ungeplant „Gnade um Gnade“ (Joh 1, 16) auch jetzt in der Feier des Abendmahls. Und lassen wir uns – anders als die, die den Kranken am Teich Betesda wegschauend übergingen, - in den Dienst nehmen für die, die als Kranke und Gesunde Hilfe und Geleit brauchen und sich nach Sinn und Heil sehnen.

Und der Friede Gottes, der höher ist als unser Wissen, der bewahre euer Herz, Verstand und Tun im Glauben an Jesus Christus, den Heiland der Welt. Amen

Kol 2, 1-7, 20 – 23: „Weisheit – geistliche und theologische Urteilskraft – im Leben der Gemeinde“

Peterskirche am 15. 1. 2020

Das richtige Unterscheiden, liebe Mittwochmorgen-Gemeinde, als theologische und geistliche Urteilskraft tut not in Gemeinde und Gesellschaft. So der Schreiber an die Gemeinde in Kolossae. Eingeströmt waren damals – bei allgemeinem Sehnen nach einender Harmonie und befriedigendem Wohlbefinden – Letztgültigkeit beanspruchende „Mächte und Gewalten“; „Elemente“ wurden sie genannt. Die für die Naturphilosophen kosmischen Elemente Erde, Wasser, Luft, Feuer wurden transzendiert ins allumfassende Universum. Und die Menschen wurden eingebunden in den „Geschmack fürs Unendliche“ durch esoterische und asketische Spiritualitäten.
Manches Sehnen heute in Gemeinde und Gesellschaft weist in ähnliche Richtung. Andererseits geht es heute in Zeiten der Extreme einer in sich zersplitternden Gesellschaft und Kirche vor allem um die Überwindung von Spaltungen und Trennungen: in Gemeinden nach den kirchensoziologischen Prognosen für das Jahr 2060 z. B. um die Überbrückung der Gräben zwischen sog. fundamentalistischen und liberalistischen Richtungen, zwischen epd- und idea-Abonenten, zwischen Schönreden und Schlechtmachen, zwischen Festhalten am Gestrigen und Hasten nach Modischem im Spirituellen und im Politischen. Konkret wird der Konflikt, wenn kirchliche Liegenschaften zur Disposition stehen oder wenn um das evangelische Profil in Kindertagesstätten mit unterscheidungslos eingestellten Eltern gestritten wird und wenn komplizierte und komplexe Herausforderungen die Sehnsucht nach Einfachheit verstärken, nach den einfachen Lösungen und den einfachen Antworten.
Theologische und geistliche Urteilskraft tut Not.

1. Liebe Gemeinde, der Kolosserbrief richtet unseren Blick auf das Unterscheiden zwischen Weisheit und Scheinweisheit, d. h. zwischen Gottes Weisheit und der Menschen Weisheit, Weisheit von Gott und Weisheit durch Menschen im gemeindlich-kirchlichen Leben.
Der einzelne Christ – trotz aller Zeitansagen zu Individualisierung und Pluralisierung – ist Glied der Gemeinde und Kirche, des Leibes Christi. In und mit der Gemeinde lebt er, weil es der heilige Geist ist, der gleichursprünglich des Glauben des einzelnen und der Gemeinde schafft, Menschen zur Taufe führt und die Kirche erhält auf ihrem Weg über Höhen und durch Tiefen, in Gewissheit und durch Anfechtung, durch Schuld und Vergebung. Darum tut not das Unterscheiden zwischen Gottes Weisheit und der Menschen Weisheit, die sich so oft als Scheinweisheit entpuppt. Als theologische und geistliche Urteilskraft erweist sie sich. Als vernünftiges Urteil in der Kraft des heiligen Geistes bewahrheitet sie sich im Streit zwischen Glaube und Aberglaube um die Wirklichkeit im kleinen und im großen.

2. Konträr zur einfachen und doch vereinfachenden Weltanschauung, die in Kolossae offene Ohren fand, liebe Gemeinde, lautet die Botschaft: die „Fülle der Weisheit", die Weisheit von Gott, erschließt sich als unverfügbares Geheimnis. „Gott offenbart, was tief und verborgen ist" (Dan 2, 22), wie das Losungswort des vergangenen Sonntags spricht. Kein Rätsel soll, muß und kann hier gelöst werden. Es ist Gottes Geheimnis, das seine Verborgenheit offenbar macht in Jesus Christus. Es ist der gekreuzigte Christus, der sich dem Glaubenden als ihn betreffend, als das ihn persönlich angehende Heil erfahrbar macht; Christus wird ihm näher als er sich selbst ist; Christus macht zuversichtlich, dankbar und froh, gibt Orientierung. Als „Weisheit in Fülle", kein törichter Schein oder leerer Trug (1. Kor 1, 18 – 25), wird er erkannt und bekannt. Denn von Ostern her erweist sich der, den „Gott uns gemacht hat zur Weisheit" (1. Kor 1, 30), als „Erster" des Kosmos, als Neuschöpfer (Kol 1, 15 ; 2, 10), als „Kyrios" über die sog. „Elemente" die mit ihren Geltungsansprüchen zu faszinieren, zu blenden und zu verstricken versuchen. Wir denken dabei heute an die vielen neuzeitlichen Ismen, wie weltanschaulicher Naturalismus, Szientismus, Nationalismus, Kommunismus, usw. Christus ist Sieger auch über sie. Und denen, die zu Christus gehören, ist der Raum der Aufklärung Jesu Christi geöffnet, eine neue Wirklichkeit. Die Gemeinschaft mit Christus lässt die Glaubenden mit ihrer Taufe schlicht wegsterben von diesen bemächtigenden „Gewalten". Kinder und Erben der „Weisheit Gottes" sind sie (Röm 8, 24) und gebrauchen die entzauberten „Elemente" zum Nutzen und Wohl der Menschen. Woran jemand sein Herz, Wollen und Tun hängt, das ist eigentlich sein Gott. Wir aber „sollen Gott über alle Dinge fürchten, lieben und vertrauen". Denn die „Furcht Gottes ist aller Weisheit Anfang" (Prov 1, 7).

3. Die Weisheit Gottes, die das Geheimnis ihrer Verborgenheit offenbar macht in Jesus Christus, liebe Gemeinde, wird gelebt, gelebt in Zuversicht auf Gott (Ps 73, 28), in Dankbarkeit (Kol 2, 7) und in Hoffnung. Ihr Ort ist das alltägliche Leben in Gemeinde und Gesellschaft, im verantwortlichen Leben aus dem Glauben mit aufrechtem Gang auf weitem Raum. Selbst die denkend verantwortete Wissenschaft der Theologie tritt da zurück hinter die gelebte Weisheit in der Kraft des heiligen Geistes. Gottes Weisheit zeigt sich im lebenverändernden und lebengestaltenden Glauben; und unser Glauben erweist sich als Lebensvollzug – Ich glaube, Herr, hilf meinem Unglauben, so beten auch wir (Mk 9, 24) – bei den Entscheidungen angesichts der kleinen und großen Herausforderungen des Alltags: global denkend, lokal handelnd.
Es geht um die theologische und geistliche Urteilskraft, das Unterscheiden zwischen Wichtigem und weniger Wichtigem in der Gemeinde einer kleiner werden Kirche. Es geht um die Weisheit, die in Demut die eigenen Grenzen kennt und anerkennt, wofür uns Salomo (1. Kön 3, 5 - 14) und Hiob (Hi 42, 1 - 9) Vorbilder sind, wie wir in diesem Semester hörten. Es geht um das richtige Unterscheiden zwischen dem, was als Segen Gottes dem Leben dient, und dem, was als Fluch gegen Gottes Willen Leben hindert und Zukunft verschließt.

Ihr Lieben, die Geschichte der Kirchen und der ökumenischen Bewegung zeigt, dass es der Gemeinde Jesu Christi gut ging und gut geht – gerade in schwierigen Zeiten, etwa auch, wenn sie kleiner an Zahl wird - , wenn sie „verwurzelt und gegründet ist“ im Glauben an Jesus Christus, wie der Kolosserbrief sagt (Kol 2, 7), wenn sie mit Christus auf dem Weg ist, wenn der Gekreuzigte und Auferstandene ihr die „Fülle der Weisheit“ ist. Dann wird ihre Urteilskraft von ihm geleitet. Der Weisheit von Gott darf und soll sie vertrauen.
Und, liebe Gemeinde, wie der Wochenspruch dieser Woche verheißt: „welche der Geist Gottes treibt, die sind Gottes Kinder“ (Röm 8, 24).

Der Friede Gottes, der höher ist als alle menschliche Vernunft, bewahre unsere Herzen und Sinne, unser Unterscheiden und Entscheiden im Glauben an den, den Gott uns zur Weisheit gemacht hat, Jesus Christus. Amen.

Mk 14, 3 – 9: „Wer ist Jesus Christus für mich?“

Palmsonntag (14. 4. 2020) in der Peterskirche

Liebe Gemeinde des Palmsonntags,
„Wer ist Jesus für mich?“ - diese Frage begleitet, wenn, wie eben geschehen, zu Beginn der Karwoche gesungen wird „Lasset uns mit Jesus gehen ...“. Auf dem Weg Jesu nach Jerusalem ist es eine namenlose Frau, die da in ihrer Weise eine Antwort gibt. Wir hören,liebe Gemeinde, und lassen zu uns sprechen den Bibelabschnitt Mk 14, 3 – 9:

1. Bei Jesu Weg nach Jerusalem sind in seiner Umgebung spionierend da – so der Zusammenhang des Markusevangeliums – die ihn festzunehmen, zu verurteilen, zu beseitigen trachten; die religiösen Führer und politischen Machthaber sind es. Dazu lassen Jesu Jünger ihn allein in Gethsemane oder verlassen ihn feig, Judas verrät und Petrus verleugnet ihn. So ist dieser Gang mit Leid und Schmerz ein Passionsweg. Immer wieder erfuhren und erfahren ihn einzelne und Völker auf schreckliche Weise: Wanderung durch „finstere Tal“ und „dunkle Nacht“, Holz- und Kreuzweg ohne Hoffnung, Straße der Unfreiheit und Gang zum Grab. Dazu kommen die Flüchtlings- und Migrantenwege, die „Todesmärsche“.
Ähnlich, aber doch ganz anders ist Jesu Passionsweg. Darauf weist die als Kontrast zur feindlichen und feigen Umgebung von Markus erzählte namenlose Frau; der Evangelist berichtet, wer Jesus für diese Frau mit ihrem ungewöhnlichen Tun ist.

2. Es ereignet sich, liebe Gemeinde, auf der Straße nach Jerusalem in dem Ort Bethanien. Jesus macht Station mit andere im Haus eines durch eine Seuche Stigmatisierten und wegen Ansteckungsgefahr Ausgegrenzten. Da auf einmal kommt eine Frau herein und wendet sich gegen alle Konventionen unmittelbar Jesus zu.

Ohne Wort beugt sie sich über ihn, zieht ein Fläschchen mit kostbarem Nardenöl hervor und träufelt die edle Salbe liebevoll auf Jesu Haupt. Wohlriechender Duft begleitet die nicht unaufwendige Huldigung, gepaart mit liebender Verehrung. Das Motiv des stummen Tuns können wir nur erahnen. Wir wissen aber, dass ihr Tun mit dem monetären Wert eines damaligen Jahreslohns von Fischern und Bauern zu beziffern wäre.
„Etliche", so die Reaktion, beginnen zu tuscheln, sie murren, sie urteilen: „Welch eine Vergeudung". Empört fordern sie, das Geld solle man besser den Armen geben. Hatte doch Jesus selbst sich gerade den Notleidenden, Hilfesuchenden und Armen zugewandt. Hatte doch Jesus in den Gleichnissen vom Reich Gottes die konkrete Nächstenliebe gepredigt: „Was ihr getan habt einem unter diesen meinen geringsten Geschwistern, das habt ihr mir getan" (Mt 25, 40; 10, 40).
Wofür wird Geld eingesetzt im Privaten und Öffentlichen, für Nützliches und Schönes oder für eigenes Mehr-Haben, als Lebensquelle für Notleidende und als Verherrlichung und zur Ehre Gottes. Da zeigt sich, was jemandem wichtig oder weniger wichtig ist, woran jemand sein Herz hängt, was ihm wert ist.

Es handelt sich hier in Bethanien um einen sich immer wieder ereignenden Konflikt zwischen Werken zur Ehre Gottes oder soziales Handeln für Notleidende. Da werden einerseits Spenden eingesetzt für moderne Kirchenfenster, für eine neue Orgel, für eine subventionierte Kirchenmusik, für den Wiederaufbau einer traditionsreichen Zentrumskirche – alles gespendet, oft ohne Wortlaut, zur Ehre Gottes durch die auch kulturelle Verantwortung von einzelnen und gesellschaftlichen Mäzenen.
Und da werden andererseits mit lauter Stimme Einsprüche geltend gemacht für relevante und effektive Hilfsprojekte und Programme in der Nähe und in der Ferne: für die Kinder- und Jugendhilfe vor Ort, für unbegleitete Jugendliche und Flüchtlingskinder aus dem Kongo, für den Bau von Brunnen in Äthiopien und Schulen in syrischen Flüchtlingscamps usw.

Und was macht Jesus in Bethanien? Er unterscheidet ohne zu trennen. Da liegt kein Konflikt oder Streitpunkt vor: nicht gegen einander aufzurechnen ist der kostbare Liebeserweis stiller Verehrung und das Tun verantwortlicher Liebe an die nahen und fernen Nächsten. Johannes Chrysosthomos sprach einmal von zwei Altären der Kirche: einem in der Kirche mit ihren künstlerischen Glasfenstern und Gemälden, Ornamenten und Skulpturen, Paramenten und Kerzen; und einem Altar unter den Armen, den Leidenden und Bedrängten, denen der engagierte Liebesdienst zur Gerechtigkeit gilt (Homilie 50, 3 – 4).
Betend gregorianisch singen, den Mund auftun für die Verstummten und Tun des Gerechten gehören im Leben der Glaubenden zusammen.

3. Zugleich, liebe Gemeinde, nimmt Jesus die Frau gegen die Empörer in Schutz. Diese Frau tut, was jetzt auf Jesu Weg, wo er angefeindet ist von den Mächtigen des Unrechts und der Ungerechtigkeit, Vertreter der Macht der Sünde und des Todes, das

Richtige ist. „Ein gutes Werk" jetzt in diesem Augenblick nennt er die frei geschenkte, stumme Liebestat, den öffentlich gegebenen Vertrauenserweis. Bei mancher Ambivalenz ist das Tun der Frau authentisch, besser glaubwürdig. Nur kalkulierendem Berechnen und rationaler Logik bleibt es unverständlich, verborgen und töricht.
Die Frau selbst zeigt bewusst oder unbewusst, ahnend oder wissend, wer Jesus für sie ist. Denn ihre Salbung des Hauptes Jesu jetzt, wo er „unten" ist, nimmt voraus das „Hosianna in der Höhe". In der Davidischen Tradition (1. Sam 16, 13; 1. Kön 1, 39; 2. Kön 9, 6) singt das Gotteslob des Psalms: „Gelobt sei, der da kommt im Namen des Herrn" (Ps 118, 26). Und darin stimmen dann jubilierend die Menschen bei Jesu Einzug in Jerusalem ein (Mk 11, 9f).

Mit dem hingebungsvollen Liebes- und Vertrauenserweis zu Jesus jetzt auf dem Weg, wo er „unten" ist, „Herr als Knecht", wie K. Barth sagt, bekennt die Frau auf ihre Weise, wer Jesus für sie ist: „Jesus Christus der Herr" (Phil 2, 11). Das stumme Tun der Frau weist schon voraus: „Gott hat ihn erhöht und hat ihm den Namen gegeben, der über alle Namen ist" (Phil 2, 9).

Zudem – und nicht zuletzt - ist diese Frau Jesus jetzt und hier nah, bei ihm auf dem Weg, da er verlassen, verraten und verleugnet wird selbst von den Jüngern. Sie ist konkret da, was die Freunde ihm schuldig bleiben. Mit der Salbung Jesu nimmt sie empathisch, vertrauend und tröstend, Anteil an Jesu Weg. Es ist der Passions- und Kreuzweg dessen, der „sich selbst für uns gegeben hat", damit Gott uns durch ihn erlöse von „aller Ungerechtigkeit" (Tit 2, 14), von der Macht der Sünde und des Todes, von den selbst ernannten Machthabern des Unrechts. Denn das Weizenkorn muß erst in die Erde fallen (Joh 12, 24), auf dass der „Menschensohn erhöht wird" (Joh 3, 14f). Durch Leiden und Kreuz ist er König, der „Knecht als Herr"; und so wird er die Quelle und Ursache zum Leben jetzt und für immer.

4. Liebe Gemeinde, namenlos geblieben ist diese Frau, der Jesus auf seinem Passionsweg nach Jerusalem begegnet; nicht unbekannt, nicht vergessen aber ist ihr stummer Liebes- und Vertrauenserweis für Jesus. Der Evangelist Johannes – eben anders als beim Evangelisten Markus - akzeptiert ihre Anonymität nicht. Er identifiziert Maria, die Schwester des von Jesus zurück ins Leben gerufenen Lazarus, mit der von Markus erzählten namenlosen Frau. Namentliche Authentizität möchte Johannes ihr geben; denn für Johannes offenbart sich Jesus von Ostern her als der Christus: Ich bin; „ich bin die Auferstehung und das Leben" (Joh 11, 25), „Ich lebe und ihr sollt auch leben" (Joh 14, 19). Dessen sind die Glaubenden gewiss, denen Christus Quelle und Ursache ihrer eigenen Auferstehungswege geworden ist.

Nach dem Evangelisten Markus bezeichnet Jesus die namenlose Frau als Vorbild, ein Beispiel für den stummen Liebes- und Vertrauenserweis zu ihm, als die Umgebung ihn nur als Erniedrigten, Verspotteten und Geschändeten wahrnahm. Allein die

namenlose Frau verehrte ihn - gegen den Augenschein - durch die Salbung mit dem kostbaren Nardenöl; vorausnehmend erkennt sie in liebender Verehrung Jesu als ihren König und Herrn. Indem sie den Erniedrigten als den von Gott Erhöhten bekennt, zeigt sie, wer Jesus für sie ist: „er stösst die Gewaltige vom Thron und erhöht die Erniedrigten. Die Hungrigen füllt er mit Gütern und lässt die Reichen leer aus" (Lk 1,51f); „Jesus Christus der Kyrios"; „Jesus Christus mein Bruder und Herr"
Im kulturellen Gedächtnis des Evangeliums von Jesu Passionsweg behält diese namenlose Frau „in aller Welt" ihren Platz als Beispiel des Glaubens.
So auch hier in der Peterskirche: eine Station – wie Bethanien - „auf dem Weg hinauf nach Jerusalem" (NG 217), eine Station mit unserem sich selbst erniedrigenden und von Gott erhöhten Herrn, der uns das Leben jetzt und in Ewigkeit eröffnet hat (Joh 3, 14f).

Und der Friede Gottes, der höher ist als unsere Vernunft, der bewahre unsere Herzen und Sinne und unser Tun in dieser Karwoche. Amen.

Mk 14, 53 – 63: „Ich bin´s"

(Passionsgottesdienst 2020 der Heidelberger Johannes-Gemeinde, die durch interessierten Austausch auffällt beim Teeständerling nach dem Gottesdienst)

1. Jeder ist vor dem Gesetz gleich. Liebe Gemeinde, das gilt.
Im Staat des Grundgesetzes ist darum das Vertrauen in das Gerichtsurteil ausgeprägt.
Gewaltenteilung, dazu die Trennung von Kirche und Staat auf der Basis der Grundrechte mit dem der Religionsfreiheit sowie nach der Prozessordnung die unterschiedenen Funktionen von Ankläger, Verteidiger und Richter gewährleisten dieses Vertrauen.
Ganz anders verläuft der Prozess Jesu in der Passionsgeschichte des Evangelisten Markus. Wir hören und lassen zu uns sprechen Mk 14, 53 – 63:

2. Ich frage mich nach dem gehörten Bibelabschnitt: warum fokussiert Markus sein Evangelium so auf die Passion Jesu? Auf die ausführlich erzählten Verhandlungen vor dem geistlichen Hohenrat und anschließend auf das Gerichtsverfahren vor dem römischen Statthalter Pontius Pilatus damals im Jahr 33 unserer Zeitrechnung? Wo ist da Gott? Wo wird da Evangelium verheißen?

Zunächst sei erwähnt: Markus verknüpft im Passionsbericht Jesu zwei Erzählungen: er berichtet zum einen vom religiös-politischen Gerichtsprozess gegen Jesus; zum andern erzählt er Jesu einsamen Leidensweg, begleitet nur vom Unverständnis und Unglauben der Jünger. Beide Erzählstränge sind miteinander verbunden.

Jesus, allein, steht vor der hohen Geistlichkeit.

Öffentlich hat Jesus das Reich Gottes verkündigt; Kranke hat er geheilt, Sündern Vergebung zugesprochen. Von den religiösen Machthabern jedoch wird er angefeindet; sie trachten danach, ihn zu vernichten. Ihr Intrigenspiel zielt auf Verurteilung durch die politische Justiz der Römer. Und die Verstrickung von religiösem Ressentiment und politischem Kalkül zieht sie runter und treibt zu Jesu Verspottung, Folter und Justizmord.
Jesus, erniedrigt und entwürdigt von den Peinigern, ist zugleich der korrumpierenden Macht der Sünde und des Todes ausgeliefert. „Ecce homo! Siehe, der Mensch!". Symbol aller zu Unrecht Geschundenen und Gequälten ist Jesus: der Schrei nach Recht, Gerechtigkeit und Erbarmen auch heute. Die Heidelberger Lyrikerin Hilde Domin, Jüdin, schreibt nach einem langen Weg des Exils das Gedicht „Ecce homo"[1]:

„weniger als die Hoffnung auf ihn
das ist der Mensch
einarmig
immer

Nur der gekreuzigte
beide Arme
weit offen
der Hier-Bin-Ich."

Der Mensch einarmig, unfähig der Hingabe an Andere; der Gekreuzigte, beide Arme offen für weltverändernde Liebe „Hier-Bin-Ich". H. Domin zeigt am Geschick Jesu auch die geschichtliche Erfahrung des Judeseins: „Jesus ist der Jude schlechthin, und darin ist der Jude heute Jesus nahe, dass für beide gilt: `von je gekreuzigt´"[2].

Jesus, allein, verlassen auch von den geflüchteten Jüngern. Im Stich gelassen ist er, seine Seele betrübt und angefochten dort im Garten Gethsemane. Verraten wird er von Judas für schnöden Mammon, verleugnet von Petrus dreimal. „Ecce home. Siehe, der Mensch!". Beispiel des „einsamen Menschen"[3] ist er, aller Verzagten in Krankheit, Verzweifelten durch Verlust, Angefochtenen im Glauben, und Stimme ist er der Klagenden und Bittenden nach Nähe, Trost, Barmherzigkeit.
Ausgeliefert – so der Evangelist Markus – wird Jesus den miteinander verstrickten religiösen und politischen Machenschaften; zugleich ist Jesus betrübt und bedrückt über Flucht und Verrat der Jünger. Das ganze Leid spiegelt sich in der Verhandlung vor den geistlichen Würdenträgern wider.

3. Jesus, allein, steht vor den religiösen Machthabern. Immer wieder haben sie versucht, Jesus zu verleumden, ihm Fallen zu stellen, zu verklagen (11, 18; 12, 12), ihn umzubringen (14, 1). Jesus selbst hat dies dreimal vorausgesagt (8, 32; 9, 32; 10, 31f).
Im Untersuchungsverfahren treten Zeugen als Ankläger auf. Obwohl eine Verteidigung feht, verwickeln die Vorwürfe der Ankläger sich selbst in Widersprüche. Sie liefern keinen Beweis. Sogar das öffentliche Ärgernis der allen bekannten Tempelreinigung fällt unter den Tisch. Verhandelt wird Jesu Ankündigung des neuen Tempel, „in drei Tagen" auferbaut. Als Zeichen weist es auf die messianische Zeit, wie der Prophet ankündigte (Hes 40 – 48). Doch hier im Saal reagiert bloß Häme und Spott. Verschlossen bleibt diesen Unverständigen und Uneinsichtigen das Eigentliche der Person Jesu, der wirkliche Tatbestand.
Nur als Geheimnis – nicht als zu lösendes Rätsel – offenbart sich die verborgene Messianität Jesu. Den Machtbesessenen erweist es sich als Torheit; für die Klüglinge existiert es nicht.

1 Hilde Domin, Ecce homo, in: dies., Ich will dich, 1970, 19.
2 Ursula Baltz-Otto, Exil und Heimkehr. Biographische und religiöse Elemente in der Dichtung Hilde Domins, in: dies., Poesie wie Brot, München 1989, 57.
3 Peter Moens, De einsame Mensch. Tagebuch, hrsg. Edzard Schaper 1950

Jesus schweigt. Jesus schweigt, wie das Jesajalied vom leidenden Gottesknecht prophezeite (Jes 53, 7). Jesus schweigt, wie auch der „leidende Gerechte" bei Platon sich verhielt (Politeia I, 4, 5). Und immer wieder, auch heute, wohnt da „ ein Sehnen tief in uns" nach Gerechtigkeit, nach Barmherzigkeit, nach Liebe (NL 116). Da ist ein Hoffen auf einen Gerechten.

Jesus ist es, der in seinen Reden vor falschen Messiassen schon gewarnt hat. Selbsternannte Weltverbesserer auf Kosten anderer sind es oft; sie suchen menschlichen Sehnsüchten nach totalem Glück zu entsprechen. Doch nur die Hybris menschlichen Machtstrebens konzentriert sich in ihnen. Vladimir Solowjew[4] hat ihnen im „lichten Genius, dem Übermenschen" Apolonius die Gestalt des Antichrist erdichtet: der neue Mensch, der „Mensch der Zukunft", wie ihn rassistische und kommunistische, heute nachhumanistische Ideologien proklamieren.
Jesus schweigt. Das Messiasgeheimnis bleibt verborgen. Aber Gottes Gerechtigkeit bleibt nicht fern! Für den „leidenden Gottesknecht" und auch den „leidenden Gerechten" ist Gottes Gnade und Erbarmen auch jetzt da. Gottes Aber!

4. Jesus schweigt vor dem Hohenrat. In den Stillstand der Untersuchung kommt erst Bewegung, als der Hohepriester selbst die Beweisaufnahme übernimmt. Er fühlt sich genötigt, endlich die alles entscheidende Frage zu stellen. Die Spannung steigt: „Bist du es?". Der Höhepunkt der Verhandlung ist da, die Wende im Prozess gegen Jesus. „Bist du es?".

Diese Frage stellt Johannes der Täufer aus dem Gefängnis (Mt 11, 2): „Bist Du es? Du?". So fragt auch Dostojewskis Kardinal-Großinquisitor den eingekerkerten Jesus im Nachtgespräch; Jesus schweigt; er küsst vielmehr „die blutlosen Lippen" des Greises, der ihn nun wegstößt, weg „auf die dunklen Gassen der Stadt": „Geh und komme nie wieder … komme überhaupt nicht mehr … nie wieder, nie wieder!"[5]
Und wir? Fragen auch wir, aufgeklärt und unsicher, fromm und zweifelnd, zuversichtlich und angefochten: „Bist du es?"?

Der Hohepriester stellt die Kardinalfrage: „Bist du der Messias, der Sohn des Hochgelobten?". Und Jesus? - Jesus antwortet: „Ich bin´s!". Jesus bekennt sich zu den allen bekannten Hoheitstiteln „Menschensohn und Davids-Herrn" (Ps 110, 1; Dan 7, 13): „Ich bin´s!".

„Ich bin. Ich bin da für dich und werde für dich dasein!", so zeigt Gott sich dem Mose am brennenden Dornbusch und dem Volk Israel auf dem Weg durch die Wüste als helfender Retter (Ex 3, 14; Jes 43, 10). „Ich bin!", mit diesem Vollmachtswort offenbart Jesus sich nach dem Johannesevangelium als „der Weg", „das Leben", „das Licht der Welt", „der Herr, Kyrios" über die in Ungerechtigkeit verstrickenden Mächte der Sünde, des Bösen und des Todes. - „Mein Herr", sinne auch ich, flüstere, stammele, bekenne auch ich.

Jesu „Ich bin´s!" lässt die Verhandlung abrupt beenden mit dem empörten Aufschrei des Hohenpriesters: „Das ist Gotteslästerung". Als Zeichenhandlung zerreißt er sein Gewand. Und das geistliche Tribunal erklärt Jesus des Todes schuldig, u. zw. des Todes am Kreuz.

5. „Gotteslästerung" - was bedeutet diese Anklage gegen Jesus in der Verkündigung des Evangeliums bei Markus? Wo ist da Gott?. Wo wird da Evangelium verkündigt?

---

4 Vladimit Solowjes, Kurze Erzählung vom Antichrisst (1900). übers. u. erläutert von Ludolf Müller, Freiburg/Br. 1968, 19

5 F. M. Dostojewski, Die Brüder Karamasoff, 407, 428

Es kann ja nicht nur um die Diskrepanz von Jesu Anspruch einerseits und seiner jetzt hilf- und machtlosen Lage gehen.
So ganz anders lautet die Botschaft des Evangelisten Markus: Jesus verkündigt der geltenden religiösen Ordnung die Wende; er bringt das Reich Gottes. Jesus verkündigt das Heil Gottes; er macht Kranke gesund, hat Gemeinschaft mit den Opfern der Gesellschaft, ruft Sichere und Selbstgerechte zur Umkehr; er vergibt, selbst ohne Sünde, die Sünden derer, die vor Gott schuldig geworden sind (2, 7, 17; 3, 22; 7, 37). So kommt das Reich Gottes. So geschieht Evangelium. So ist der „Messias, der Sohn des Hochgelobten" da, verborgen und doch gegenwärtig. So offenbart Jesus das Geheimnis des Messias in seinem Reden und Tun.

Der Hoherat zielt auf das Aburteil, Jesus maße sich an, politischer „König der Juden" zu sein. Nur der Vertreter der Weltmacht Rom kann die falsche Verdächtigung, die infame Unterstellung, verstärkt durch das Gebrüll des Pöbels „Kreuzige ihn!", legalisieren: den Tod, nicht heiter und gelassen, wie Sokrates im Kreis der Freunde den Schierlingsbecher nahm, vielmehr den schrecklichen Tod am Kreuz, einsam, mit dem Schrei „Mein Gott, mein Gott warum hast du mich verlassen" (15, 34).

Den religiös und politisch Mächtigen bleibt verschlossen, was da eigentlich geschieht. Sie begreifen nichts. Besessen sind sie von Machtstreben und Korruption, umgetrieben von Bosheit und Hass. Ohne Erbarmen verfolgen sie die schandbare Tat. Ihr Kleingeist hat die Furcht Gottes verdrängt. Blind, taub, verständnislos sind sie für das Geheimnis des Messias. Fremd und abstoßend ist ihnen die Schwachheit als Kraft, die Torheit als Weisheit: Jesu Kreuzestod, der Versöhnung und neues Leben schafft; das „Weizenkorn, das erstirbt", und Frucht hervorbringt (Joh 12, 24).
Aber hier ist Gott, hier!
Dagegen bleibt verhärtet und versteinert ihr Herz. Verfinstert und verschlossen ist ihr Verstand für das Heil Gottes in Jesu Leiden und Kreuz: dass dieser Jesus es ist, der seine Gerechtigkeit schenkt und auf sich nimmt die Ungerechtigkeit der Menschen, aller. Ja, befreiend und rettend tritt er stellvertretend ein für alle - auch für die, die Jesus ans Kreuz bringen - für die Sünde und Schuld eines jeden, für uns, für mich:

„Vereint mit Gott, ein Mensch gleich uns auf Erden;
und bis zum Tod am Kreuz gehorsam werden,
an unserer Statt gemartert und zerschlagen,
die Sünde tragen: Welch wundervoll hochheiliges Geschäfte.
Sinn ich ihm nach, so zagen meine Kräfte,
mein Herz erbebt, ich sah und ich empfinde,
den Fluch der Sünde" (EG 91, 2, 3).

Gottes Heil in Jesus Christus: im Glauben haben wir Anteil daran, liebe Gemeinde, an Jesu stellvertretender Erlösung, an Jesu seligem Tausch.
Das ahnt und ist gewiss zunächst nur der Hauptmann; vor dem Kreuz bekennt er: „Wahrlich, dieser Mensch ist Gottes Sohn gewesen" (15, 36). Weiter, nach Jesu vorausgesagter Auferstehung „am dritten Tag", verkündet mit der österlichen Gemeinde der Evangelist Johannes: „Also hat Gott die Welt geliebt, dass er seinen eingeborenen Sohn gab, auf dass alle, die an ihn glauben, nicht verloren gehen, sondern das ewige Leben haben" (Joh 3, 16). Und dann mit dem Apostel Paulus, nur viel später, singen auch wir, ich und vielleicht auch Du: „Jesus Christus ist der Herr, zur Ehre Gottes des Vaters" (Phil 2, 11).

Und der Friede Gottes, der höher ist als unsere Vernunft, der bewahre unser Herz und Verstand im Glauben an Jesus Christus, unsern gekreuzigten und auferstandenen Bruder und Herrn. Amen.

Mt 20, 1 – 16: „Mehr als zusteht“

Mittwochmorgengottesdienst am 4. 3. 2020

1. Liebe Mittwochmorgen-Gemeinde, da sagt eine Frau im Rückblick – auch nach schweren Schicksalsschlägen - :“Ich war mir immer irgendwie sicher, dass sich für mich im Leben alles gut führen würde – und so kam es auch“ (ekibaintern 9, 2019, 16)
Dass Schicksal nicht allein menschliches Machen, eben Machsal, ist – nach dem Motto: „Jeder ist seines Glückes Schmied“ - sagt sprichwörtliche Lebensweisheit: „Der Mensch denkt, Gott lenkt“. Dass Gott mit dem Pseudonym „Zufall“, Zu-Fallendes, die Grammatiken des Lebens schreibt, war dieser Frau gewiss. „Gott aber hat es zum Guten geführt“, worauf die Josefsnovelle des Alten Testaments sich fokussiert (Gen 50, 20).
So erzählt die gehörte Parabel Jesu vom Reich Gottes: allen, gerade den Spätkommenden, den Verhinderten und Behinderten, den Abgehängten und Zukurzgekommenen verheißt Jesus gerechten Lohn:

Ein Landwirt wirbt früh am Morgen Arbeiter für seinen Weinberg an; über einen Silbergroschen als Tageslohn wird er als Arbeitgeber mit den Arbeitnehmern einig. Es ist ein akzeptabler Verdienst. Zur dritten Stunde dingt er weitere Tagelöhner und wird einig über das, was recht und billig ist. In der Mittagshitze der sechsten Stunde stellt er wieder Arbeiter zu denselben Konditionen ein und dann abermals zur neunten Stunde. Und als er Arbeitssuchende am frühen Abend zur elften Stunde sieht, wirbt er auch diese zur Arbeit im Weinberg an.
Am Ende des Tages zahlt er allen durch den Verwalter den Lohn aus. Es kamen zuerst die Arbeiter, die der Landwirt am Abend zur elften Stunde gedingt hatte; da empfing jeder einen ganzen Silbergroschen. So auch die zur neunten, sechsten und dritten Stunde. Als nun die „Ersten kamen, meinten sie, sie würden mehr empfangen“. Sie murrten, als sie den vereinbarten Silbergroschen als Lohn empfingen. Hatten sie nicht über den ganzen Tag bei stechender Mittagssonne die schweißtreibende Arbeit geleistet? Und nun der gleiche Lohn wie die Spätgekommenen? Soll das etwa leistungsgerecht sein? Man vergleicht; man murrt, ist wütend, empört. Der „scheele Blick“ des „bösen Auges“ lässt Neid aufsteigen. Neid durch Vergleichen gegenüber dem, der mehr hat, weckt oft das Gefühl, zu kurz gekommen zu sein, ein Ressentiment, das Hass erregt gegen den, der bevorzugt zu sein scheint.
Im Zusammenleben der Menschen kennen wir das. Im gesellschaftlichen und politischen Geschehen erfahren wir das heutzutage in einer Zeit der Extreme. Nicht selten eskaliert Neid über Hetze in Hass; Hass aber spaltet im Privaten, Sozialen und Politischen. Gesteigert durch den Einsatz von verbaler und physischer Gewalt, wird Leben verletzt und Zukunft zerstört.

2. Und der Landwirt? Liebe Gemeinde, er erinnert die unzufrieden Murrenden: „Einig geworden sind wir doch über einen Silbergroschen: verabredeter Lohn. Nimm und geh. Den Spätgekommenen will ich dasselbe geben, frei, weil ich gütig bin“.
Was menschlichem Gerechtigkeitsgefühl widerspricht, das ist Gottes frei schenkende Güte, die segnet mehr als zusteht . Das ist der eigentliche Kern des Gleichnisses. Da, wo menschliche Maßstäbe bilanzieren: „Wer zu spät kommt, den bestraft das Leben“, da lässt Gottes Güte Spätkommenden mehr zukommen, als sie verdient haben.
In dieser „Gegenwelterzählung“ Jesu aus dem Arbeitsleben geht es nicht um abstraktes Berechnen von „Barmherzigkeit und Gerechtigkeit“ oder um den juridischen Grundsatz „Gnade vor Recht“. Jesu Predigt vom Reich Gottes erzählt vielmehr von Gottes freier Güte, die menschliche Vorstellungen aus den Angeln hebt. Menschen, Mitmenschen und Mitwelt leben aus Gottes unverfügbarer Güte. Leben kann man sich nicht selbst geben; Leben wird gegeben, ist Geschenk.

3. Liebe Gemeinde, wir leben aus Gottes freier Güte. Und mehr als wir verdienen, wird gegeben. Wir sind Beschenkte; grundlegende Dankbarkeit kann uns erfüllen für die kleinen und großen Dinge des Alltags: der neue Tag, die Menschen für und mit uns, Studienmöglichkeit, Gesundheitsversorgung, Recht und Rechtsstaatlichkeit, usw. Segensgaben sind es, die uns dankbar „Täglich zu singen“ stimmen lassen: „Ich danke Gott und freue mich wie´s Kind zur Weihnachtsgabe; dass ich bin, bin ...“; und dass ich Hoffnung habe, die weit über das Alltägliche hinaus geht. Hinsehen können wir, um Gottes tagtäglich erfahrene, menschliches Rechnen durchbrechende Güte wahrzunehmen. Das zeigt der Blick des Glaubens. Er klärt auf, schafft Durchblick, eröffnet Sinn: eine neu Wirklichkeit, erblicken, weil angeblickt, erkennen, weil erkannt von Gottes Gegenwart.
Und mit dieser Gleichniserzählung Jesu vermag der Glaubende Ja zu sagen auch „zu den Überraschungen“, die seine Pläne durchkreuzen, die Träume zunichte machen, dem Tag eine ganz andere Richtung geben – und gerade zum Mehr, als ihm eigentlich zusteht, wie die Spätgekommenen in der Parabel erfahren. Es ist kein Zufall. (Dom Helder Camara, Mach aus mir einen Regenbogen, München-Zürich (Pendo-Verlag), 1981).

4. Betrachten wir nun, liebe Gemeinde, das Gleichnis auch von den anderen Arbeitern her, die meinen troz abgesprochener Vergütung zu kurz zu kommen. Hier sei für sie mit dem Apostel Paulus gesprochen: “Jeder wird seinen Lohn empfangen nach seiner Arbeit“ (1. Kor 3, 8).
Jesu Gleichnis vom Reich Gottes weckt da auch Sozialkritik an der damaligen Arbeitswelt: Mangel an Arbeit, Arbeitssuche und Arbeitslosigkeit; Schrei nach gerechten Arbeitsverhältnissen und leistungsgerechter Bezahlung.
Der Glaube aus dem Geschenk der Gerechtigkeit Gottes ist es da, der für Recht und Gerechtigkeit Anderer verantwortlich ist. Es ist der Glaube, der ins Leben mit mehr sozialer Gerechtigkeit führen will.
Immer wieder - leider sehr spät - ließen sich Christen und Kirchen herausfordern von den Opfern ungerechter sozialer Strukturen. Viel Engagement von Christen und viele Erklärungen der Kirchen nach dem II. Weltkrieg bis heute setzen sich ein für den Wert der Arbeit, für die Verbindung von Arbeit, Kapital und menschliche Person. Sie prangern an soziale Mißstände, eine unverhältnismäßige Spannen in der Bezahlung bei Konzernen sowie ausbeutende Arbeitsverhältnisse in Billiglohnländern. So erweist sich der Glaube, der verantwortlich gelebt wird für mehr soziale Gerechtigkeit derer, die zu kurz kommen, die nicht teilhaben an Profit und Erfolg, für die Opfer.

4. Liebe Gemeinde, kehren wir zum Kern von Jesu Gleichnis zurück: Auch wir sind „Spätkommende“, aber nicht zu spät Kommende. Mehr als uns zusteht, wurde uns tagtäglich gegeben und wird uns heute einzig geschenkt: Jesus Christus, Bruder und Herr, ist da, da für die, die zu ihm gehören, und für die ganze Welt, für uns. Er schenkt sich. In ihm zeigt sich Gottes Gerechtigkeit als erbarmende Liebe und vergebend-befreiende Güte. Er ist der Kyrios, mächtiger als alles, was Gott und Gottes Willen für Liebe und Gerechtigkeit zuwider ist.
Und dieses Grund legende, Leben bestimmende Vertrauen auf Gott lässt erfahren die Zuversicht der eingangs erzählten Geschichte, in der die Frau sagt: „Ich war immer irgendwie sicher, dass sich für mich im Leben alles gut führen würde – und so kam es auch“, eben „dass denen, die Gott lieben, alle Dinge zum Besten dienen … „ (Röm 8, 28).

Der Glaube an Jesus Christus, unserem Bruder und Herrn, möge uns täglich neu wahrnehmen lassen Gottes freie Güte, die mehr gibt als uns zusteht.

Lev 19, 33f:“Ihr seid auch Fremde”

Regionalgottesdienst am 6. 9. 2020 in Oftersheim

Predigttext: “Wenn ein Fremdling bei euch wohnt in eurem Lande, den sollt ihr nicht bedrücken. Er soll bei euch wohnen wie ein Einheimischer unter euch, und du sollst ihn lieben wie dich selbst; denn ihr seid auch Fremdlinge gewesen in Ägyptenland. Ich bin der Herr, euer Gott” (Lev 19, 33f).

Liebe Gemeinde,
(1) Kurios, aber im nachherein auch irgendwie wundervoll, war es. Ich hielt bei einer ökumenischen Tagung eine Andacht zu Eph 2, 19f: ”So seid ihr nun nicht mehr Gäste und Fremdlinge, sondern Mitbürger der Heiligen und Gottes Hausgenossen, erbaut auf dem Grund der Apostel und Propheten, da Jesus Christus der Eckstein ist”. Die Gäste waren orthodoxe Priester in schwarzem Talar und Haube. Ich predigte; sie schauten mich verständnisvoll an, hörten zu. Doch sie konnten kein Deutsch, wie ich kurz vor der Andacht noch schnell erfuhr. Eigentlich konnten sie nichts verstehen. Da fühlte ich mich irgendwie fremd, fremd bei und vor ihnen. Die nach der Predigt angestimmten Seligpreisungen aus EG 307 sangen sie dann aus vollem Herzen mit.
Im Anschluss an die gemeinsame Andacht bedankten sie sich herzlich mit kräftigem Händedruck. Später erzählte mir der Tagungsleiter von ihrem Lob: Christus habe ich verkündigt. Das Wort “Christus” haben sie gehört und verstanden.
Ja, kurios und irgendwie wundervoll!

So mancher hat andere oder ähnliche Erfahrungen von Fremdseins gemacht, sei es im Inland oder im Ausland, in nicht vertrauter Sprache und Kultur.
So mancher hat Fremden geholfen, heimisch zu werden, sei es durch sprachliche, finanzielle oder rechtliche Unterstützung, durch Einladung in sein Heim oder in die Gemeinde. Ich persönlich durch langjährige Begleitung ausländischer Studierender, durch die von mir vorbereiteten ökumenischen Christvespern mit Migrationsgemeinden in der Heidelberger Peterskirche, dann nach 1989 durch die Integration der Aussiedler aus Russland in meine damalige Gemeinde und weiter durch engagierte Flüchtlingshilfe nach 2015.
Jeder kann davon erzählen: beheimatet im Eignen und zugleich verbunden mit Fremden.
Und dennoch: unsichtbare Wände zu den Anderen, den Fremden, bleiben.
Heute – Abscheu und Erschrecken! – heute ergehen immer neu Schmähworte und Hetzreden mündlich oder im Internet gegen Andersdenkende, Andersglaubende, Andersorientierte, gegen Fremde. Widerstand fordert das heraus. Zugleich gehört Zuwendung, Zuhören, Begleiten und diakonische Hilfe den mit der Zuschreibung “Fremde”.

(2) Nun erweist sich Fremdsein, liebe Gemeinde als Grunderfahrung von uns Menschen: in der Begegnung des eigenen Ich mit dem Du des Anderen wird der Andere auch als Fremder erlebt. Zum Ich des Anderen bleibt eine Grenze. In der Begegnung, im Gespräch, im Zusammenleben wird bei der Gemeinsamkeit ein Unterschied erfahren. Immer wieder wird leider auch die persönliche Beziehung zerrissen und das Du des Anderen zu einem Es, zu einer Sache, gar zum Mittel für eigene Zwecke. Demgegenüber wird der Mensch gerade am Du des Anderen zum Ich. Denn alles Leben ist Begegnung, wie der jüdische Denker M. Buber sagt. Er emigrierte, er wohnte bis 1938 im uns nahe gelegenen Heppenheim.

Das Du des Anderen erfährt in der Begegnung entscheidende Bedeutung fürden eigenen Lebensweg und für das eigene Leben. Der Andere sucht mich irgendwie heim, geht mit, eröffnet Neues, Unerwartetes.

Entsprechungen entdecken wir zur biblischen Botschaft. Eben hörten wir das Gebot Gottes zum Aufnehmen und Anerkennen der Fremden zusammen mit dem größten und wichtigsten Gebot. So bezeichnet Jesus das Gebot "Du sollst Gott deinen Herrn lieben … und deinen Nächsten wie dich selbst" (Mt 22, 37f; Lk 10, 27)).
Davon berichten die biblischen Erzählungen:
Mit Abraham (Gen 12, 10; 17, 8; 20, 1; 21, 23, 34; 35, 37), Isaak (Gen 26, 3), Jakob (Gen 28, 4; 37, 1), Mose (Ex 2, 1ff, 15b) war es das Volk Israel, das auf dem Weg der Fremdling ist (Gen 15, 3; Ex 1, 4; 1. Chr 26, 19; Ps 105, 12; Hes 20, 38; Esra 1, 4). Fremde auch als Eingesessene sind sie. Darum preist David im Dankgebet 1. Chr 29, 15f: "Dein ist alles, was im Himmel und auf Erden ist. Was bin ich? Was mein Volk ...? Von deiner Hand geschenkt, haben wir dir´s zurückgegeben. Denn wir sind Gäste und Fremdlinge vor dir, wie unsere Väter".
Einerseits also gilt den Eingesessenen das Gebot, den Fremden, wie überhaupt den Hilfsbedürftigen, Heimat zu geben. Andererseits sind es Einheimische, die sich als Fremde wahrnehmen. Eine Spannung liegt vor aus menschlicher Sicht. Gar ein Widerspruch?
Nein, liebe Gemeinde, vielmehr ein Blickwechsel, ein Perspektivwechsel durch den Glauben, durch die Beziehung mit Gott.

(3) In Israel, liebe Gemeinde, wurden die Fremden den Armen gleichgestellt (Lev 19, 10; 25, 35, 47; Ps 94, 6); als Unbeschnittene waren sie wohl Fremde (Ex 12, 48; Deut 14, 21; Hes 44, 9). Doch wurden die Fremden in die Rechte, Bräuche und Feste Israels einbezogen (Ex 20, 10; 23, 12; Num 15, 15f; Deut 1, 16; 16, 11; 31, 12; 2. Chr 30, 25): "Einen Fremdling sollst du nicht bedrücken noch bedrängen". Denn - so der Blick vor Gott - : "Ihr seid ja auch Fremdlinge gewesen" (Ex 22, 20; 23, 9; Deut 10, 17ff; 24, 14; Mal 3, 5).

Von Jesus wird berichtet, dass die "Seinen ihn nicht aufnahmen" (Joh 1, 11); als Kind auf der Flucht (Mt 2, 13ff), von den Verwandten nicht verstanden (Mk 6, 1 - 6) und auch oft nicht von den Jüngern. Jesus war fremd (Mt 8, 19). Und er half gerade den Fremden (Joh 4, 1ff). Er wies sogar auf Ausländer als Vorbilder des Glaubens (Lk 10, 25ff; 17, 18). Und nach seiner Predigt vom Endgericht entscheidet sich das Heil auch an der Beziehung zu den Fremden: "Ich war fremd und ihr habt mich beherbergt", "Was ihr getan habt einem unter diesen meinen geringsten Schwestern und Brüdern, das habt ihr mir getan" (Mt 25, 35, 40).

Auch das Leben derer, die zu Jesus gehören, kennzeichnet Fremdlingschaft. Die christlichen Gemeinden und Kirchen, gewiss auch Institutionen und Organisationen mit ihren Fehlern und Konflikten, zeigen sich als Volk auf dem Weg Gottes Vollendung entgegen. "Wir haben hier keine bleibende Stadt" (Hebr 11, 13; 13, 4; 1. Petr 1, 17; 2, 11). Deshalb - vor allem durch den Glauben an Jesus Christus und durch das gemeinsame Geschenk der Taufe (Gal 3, 28; 1. Kor 11, 17ff); 12, 12ff; Eph 4, 3 - 7) - gibt es in der christlichen Gemeinde keine Spaltungen zwischen Eingesessenen und Fremden " (Apg 10, 28). Die Grenzen sind geöffnet zwischen Fremden und Einheimischen von Jesus, dem Christus (Eph 2, 19). Als Bruder und Herr ist er Mitte und Mittler; er ist "unser Friede" (Eph 2, 14).

So verband auch Er uns bei der anfangs erzählten Andacht über Sprachbarrieren hinweg.

(4) Das Geschenk des Glaubens an Jesus Christus wird für Gottes Hausgenossen und Familie (Eph 2, 19, 4, 6; Gal 3, 29) zur Heimat in der Fremde. Der Auferstandene wird zu Verheißung und Versprechen, zu Kredit und Angeld auf die endgültige Beheimatung bei Gott.
Diese "Fremdheit als Heimat" und "Heimat in der Fremde" wird gelebt hier und heute als Gastfreundschaft (Röm 12, 13 Hebr 13, 2) auch für Migranten sowie Fremd- und Gastarbeiter, ob mit dunkler oder heller Hautfarbe, ob aus vertrauter oder fremden Kultur. Denn das Liebesgebot wird im Dasein mit und für die Fremden konkret. Liebe zeigt sich über Gefühl im konkreten Verhalten und Tun für den Anderen.

(5) Liebe Gemeinde, durch die Beziehung mit Gott und durch Gottes Liebesgebot erfährt Fremdheit einen Blick- und Perspektivwechsel: sich selbst als Fremden auf dem Weg erkennend, wird der Andere in seiner Fremdheit anerkannt und in Liebe an- und aufgenommen.
"Wenn ein Fremdling bei euch wohnt in eurem Lande, den sollt ihr nicht bedrücken. Er soll bei euch wohnen wie ein Einheimischer unter euch und du sollst ihn lieben wie dich selbst; denn ihr seid auch Fremdlinge .... Ich bin der Herr, euer Gott".

Und der Friede Gottes , der höher ist als unsere Vernunft, der bewahre unsere Herzen und Sinne und unser Tun im Glauben an Jesus Christus, unseren Bruder und auferstandenen Herrn. Amen.

Lk 13, 10 – 17: „Die gekrümmte Frau“

Mittwochfrühgottesdienst in der Peterskirche am 26. 6. 2019

1. „Ich weiß nicht mehr aus noch ein“, so trifft mich ihr Aufschrei; gehetzt und gestresst wirkt sie, erschöpft und in sich zerrissen. Im Gezerre zwischen Familie, Haushalt und Beruf, zwischen Ehrenamt und Fitness-Center, zwischen Sorge um steigende Miete und Angst vor sozialem Abstieg hatte sie, sich selbst optimierend, optimal funktioniert. Doch nun der physisch-psychische Zusammenbruch, burnout: das Rückgrat gebeugt, der Blick scheu gesenkt, verunsichert und unsicher.Eine „gekrümmte Frau“ ist sie.
Auch den gekrümmten Mann gibt es unter uns. Leistungsträger und leistungsstark alles aus sich herausholend war er. Dann Tod der Ehefrau, Firmeninsolvenz, nicht mehr gebraucht, Alkohol. Ein Exempel menschlicher Vulnerabilität sind sie. Und auch wir mit Verkrümmungen und unserem In-sich-verktümmt-sein.

2. Verstummt, liebe Mittwochmorgengemeinde, ist der Aufschrei der nun seit 18 Jahren an Leib und Seele „gekrümmten Frau“, in sich verkrümmt, verstummt auch die Klage vor Gott. Anteil hat auch sie an der durch Riß mit Gott gebrochene Welt. Beziehungs- und verhältnislos ist sie nicht nur zur Mitwelt, sondern auch zu Gott. In ihren Aufgaben, Sorgen und Ängsten kreisend und deren Bewältigung im Optimierungswahn als das Höchste ansehend, verlor sie nicht nur ihr Selbst „Wer bin ich?“ , sondern auch Gott aus den Augen. Indem sie das wichtige vom weniger wichtigen nicht mehr unterschied, wurde ihr zur Herzensangelegenheit, die täglich geforderten Pflichten optimal zu bewältigen und sich so zu verwirklichen. Das wurde immer mehr das allerwichtigste; daran hängte sie ihr Herz. Und Gott wurde fremd. fern, beziehungslos, sie gottvergessen und gottlos.

„Gekrümmt“ und in sich verkrümmt wurde sie. Und wo der Mensch allein wirkt, wirkt Gott nicht; und wo Gott wirkt, wirkt nicht der Mensch allein.
„O Herr, nimm mich mir und gib mich Dir!“

2. Nun fällt der Blick Jesu auf sie, Jesus ist es, der auf sie zugeht, er macht keinen Bogen um sie. Jesus ist es, der sie anschaut, ins Gesicht; es kommt augenblicklich zum Blickkontakt. Jesus ist es, der sie anredet und mit ihr spricht. Empathisch teilnehmend legt er ihr die Hände auf. Jesus holt die physisch und psychisch „gekrümmte Frau“ heraus aus ihrer Verkrümmtheit in sich selbst. Ein Geschenk, bedingungslos, frei. Kraft und Freude am Leben schenkt er ihr. Er lässt sie neu teilhaben am Leben, am Miteinander und Füreinander.
Und die Frau richtet sich auf. „Das geknickte Rohr wird Gott nicht zerbrechen und den glimmenden Docht wird er nicht auslöschen“ (Jes 42, 3). Der selbstdämonisierende Wahn, der durch Optimieren und Effizienz sich nicht mehr Mensch sein lässt, die Unterscheidung von Gottes Handeln und menschlichem Tun nicht mehr kennt, der Leben hindert, verletzt, zerstört, ist weg. Dankbarkeit und Dank, Zuversicht und Freude durchströmt Denken und Tun, den ganzen Körper. „Du stellst meine Füße auf weiten Raum“ (Ps 31. 9) und „mit meinem Gott kann ich über Mauern springen“ (Ps 18, 30).

3. Am Sabbat, liebe Mittwochmorgengemeinde, blickt Jesu die „gekrümmte“ und in sich selbst verkrümmte Frau an, spricht mit ihr, berührt sie und richtet sie auf. Es ist der Sabbat, den Gott segnet, den diese Frau , nun gleichgestellt mit allen Juden, als Tag des Exodus, als Tag der Befreiung aus Ägypten, mitfeiert (Gen 2, 3; Ex20, 11, Dtn 5, 15b). Gleichberechtigte Tochter Abrahams ist sie geworden an diesem Festtag.
Christen feiern ihn mit dem Sonntag, der Tag der Auferstehung Jesu Christi, als Tag der Neuschöpfung, der Freiheit für Gottesdank und Gotteslob.
Alles Volk zusammen mit der geheilten Frau – bis auf Kleinmütige und Kleingeister – freut sich, dankt und preist Gott für seine großen Taten. Mit ihnen öffnen – angesprochen und aufgerichtet vom lebendigen Christus - auch wir den Mund zum Gotteslob und tun den Mund auf für die Stummen und Verstummten. In der Nachfolge Jesu nehmen wir diese wahr, blicken sie an, helfen und heilen den Gekrümmten an Leib und Seele. Nur die sollen und dürfen ja - mit D. Bonhoeffer – gesprochen „Gregorianik singen, die auch den Mund auf tun und Hand anlegen für die gekrümmten Frauen und Männer, für die sich selbst überfordernden und die zusammengebrochenen, für die uns am Rand begegnenden „Gekrümmten“. Nächste sind wir ihnen.
„O Herr, nimm mich mir und gib mich dir!“

Und der Friede Gottes, der höher ist als alle Vernunft, der bewahre eure Herzen und Sinne, euer Auge, Mund und Hand im Glauben an Jesus Chrristus, unserem Herrn. Amen.

Mk 3, 21, 31 – 35: „drinnen oder draußen ?“

13. So. n. Trin. (15. 9. 2019) in der Peterskirche

1. „Drinnen oder draußen“; wer ist drinnen? Wer ist draußen? - Unterscheiden, trennen, polarisieren bindet sich da ein. Immer wieder geschah und geschieht es, dass Menschen „drinnen oder draußen“ sind oder dazu bestimmt werden, auch heute.
Als sozialer Trend wird in unübersichtlicher und beschleunigter Zeit diagnostiziert die Spannung zwischen der Herausforderung durch Komplexität einerseits und der Sehnsucht nach Einfachheit andererseits. Die Einfachheit eindeutiger Antworten wird dem nicht nur komplizierten, sondern komplexen Sachverhalt entgegen gesetzt. Denken in Gegensätzen entspricht im Sozialen die Spaltung zwischen den Einen und den Anderen; moralisierend wird zwischen Guten und Bösen getrennt und, emotional mit Angst und Aggressivität besetzt, spricht man von „drinnen oder draußen“. Das gilt für die Spannung zwischen Abgehängten und Etablierten, Einheimischen und Migranten, in christlichen Gemeinden zwischen Frommen und Aufgeklärten usw.
Da entstehen von Vorurteilen genährte Feindbilder; da lodert Hass; es wird im persönlichen Umgang und im anonymen Internet die Person der Anderen entwürdigt durch Beschimpfung und Lüge. Tätlichkeiten und Verbrechen sind immer wieder die Folge. Die Bemühungen um Dialog, Kompromis, Mehrdeutigkeit und Toleranz laufen ins Leere oder werden abgeblockt; als Schwäche werden sie angesehen und abgewertet.

Auch die Geschichte der Kirchen war und ist nicht selten geprägt vom gegensätzlichen „drinnen oder draußen“. Da stehen religiöse Parteigänger einander wie Feinde mit wechselseitigen Verurteilungen und Verdammungen gegenüber. Die Barmer Theologische Erklärung (1934) ist es, die mit den Verwerfungen in ihren sechs „evangelischen Wahrheiten“ zeigt, dass es wohl Grenzen gibt für die Verbindlichkeit der Wahrheit und für die in Christus gründende Verbundenheit der Gemeinde. Nicht jedoch wird der andere Gegner als Person verdammt und seine Würde bestritten; verworfen werden die Weltanschauungen und Ideologien, die die Offenbarung Gottes in Jesus Christus entstellen und verfälschen.

2. Der heutige Bibelabschnitt aus dem Markusevangelium, liebe Gemeinde, spricht wohl auch von „drinnen und draußen“. Grenzüberschreitend jedoch – eben anders als die spaltende Alternative „drinnen oder draußen“ - nimmt er in eine Bewegung hinein, u. zw. zunächst von draußen nach drinnen und sodann von drinnen nach draußen.
Die Frage stellt sich: Wie geschieht hier die Überwindung der Spaltung und Trennung von „drinnen oder draußen“?

Der Evangelist Markus bezeugt den Anbruch des Reiches Gottes in Jesu Person, Predigt und Tun. Eine neue Wirklichkeit eröffnet Jesus. Damit stört er die religiösen

Geltungsansprüche und moralischen Gefühle vieler Zeitgenossen; er erregt Anstoß, weckt Widerspruch und Ablehnung. Selbst die eigenen Verwandten verstehen nicht, dass er dem Willen des Vaters im Himmel folgt und ihn tut. Die Mutter und seine Geschwister wollen ihn davon abhalten. Fremd ist Jesus ihnen geworden; sie bleiben draußen vor dem Tor (Mt 10, 34 – 37). Wie die Pharisäer, deren Religion vom moralischen Mehrwert des Gesetzes bestimmt ist, ärgern sie sich. Sie wollen Jesus heimsuchen. Jesu Verkündigung vom Willen des Vaters im angebrochenen und anbrechenden Reich Gottes halten sie für abwegig, töricht und Jesus selbst von Sinnen.
Die aber, die zu Jesus, der dem Willen des Vaters gehorsam ist und ihnen den Willen Gottes zu tun heißt, die zu Jeus gehören, erfahren die Leben verändernde und Leben gestaltende Kraft des Glaubens.

3. Zu diesen, liebe Gemeinde, sagt Jesus „Siehe, das ist meine Mutter und das sind meine Schwestern und Brüder": alle, die Gemeinschaft mit Jesus haben und aus und mit der Botschaft vom Reich Gottes leben, gehören zu seiner Familie, zur „familia dei", zur Familie Gottes.
„Gemeinde von Schwestern und Brüdern" Jesu sind sie, wie später in Barmen 1934 erklärt wird (Barmen III). Jesus ist deren erstgeborener Bruder; zugleich wird er als der eingeborene Sohn Gottes des Vaters bekannt. Wie Jesus Gott Vater anredet im Gebet, so rufen auch die Jünger Gott Vater an und suchen nach seinem Willen zu leben. Auf dem weiteren Weg der Jünger begleitet sie Jesus, ihr Bruder und Herr; er ist da, bei ihnen (Mt 28, 29; Gal 2, 20), ist ihnen näher als sie sich selbst sind.

Der Ruf des Reiches Gottes und seiner Verheißung erschallt und geht vorwärtsdrängend weiter. Der Weg der Jünger Jesu führt trotz Familienkonflikten zukunftsträchtig ins Weite. Grenzüberschreitend, das „drinnen oder draußen" überwindend, gehört dann auch die Mutter Maria zu Jesus (Joh 19, 25, 27). Auch der Bruder Jakobus bleibt nicht draußen; eine Säule der Jerusalemer Gemeinde wird er. Ähnliches gilt von den anderen Verwandten. Sie alle und viele weitere waren und sind Menschen der Zukunft Gottes. Die gastfreundliche Dynamik des Reiches Gottes bewegt sie voran. Auch die Religion und Moral als Mehrwert ihres Lebens ansehen, sind hineingenommen in die Verheißung von Gottes versöhnendem Neuschaffen.

Liebe Gemeinde, gewiß hat Jesus, um es einfach und vereinfachend zu sagen, keine organisierte Kirche gegründet. Bei aller komplizierten theologischen Komplexität lässt sich jedoch in der Zugehörigkeit zu Jesus und in der geistlichen Gemeinschaft mit ihm die Quelle und der Fokus von Gemeinde und Kirche erfahren und erkennen: damals wie in Geschichte und Gegenwart der Kirche mit ihren Krisen und Veränderungen.

4. Liebe Gemeinde, Jesus sagt nun: Der ist mein Bruder und meine Schwester und meine Mutter, „der Gottes Willen tut". Wer eingeladen ist, Jesus entdeckt hat und

von ihm berührt wurde, wird nicht bleiben, was er oder sie ist. Da wird Umkehr und Tun des Willens Gottes direkt erlebt. Neue Perspektiven, neue Deutungen, eine neue Wirklichkeit eröffnet sich. Die Türen tun sich auf zur Familie Gottes, zur unterschiedlichen und vielgestalteten, weltweiten Gemeinschaft von Schwestern und Brüdern.
Der Wille Gottes wird getan und gelebt da, wo die Liebe Gottes aufscheint als „Sonne der Gerechtigkeit". Jesus weist mit dem „Höre Israel" (Deut 6, 4f) auf die Liebe zu Gott: Gott die Ehre geben und ihn allein fürchten und lieben; und er weist auf die Liebe zum Nächsten und zu sich selbst (Lk 10, 26f). Liebe zeigt sich da nicht als Gefühligkeit, sondern als konkretes Tun in der Beziehung mit Gott, zum Nächsten und zu sich selbst, eben da, wo das Liebesgebot gelebt wird. „Dein Wille geschehe"! Das geschieht, wenn uns die gehörte Gleichniserzählung Jesu vom „barmherzigen Samariter" (Lk 10, 25 - 37) konkret betrifft mit der Frage: „Wem bin ich Nächster?" mit der Verheißung des Spruchs dieser Woche: „Was ihr getan habt einem von diesen meinen geringsten Geschwistern, das habt ihr mir getan" (Mt 25, 40).

5. „Wer den Willen Gottes tut, der ist mein Bruder und meine Schwester und meine Mutter" - Jesus weist zunächst auf das Mit- und Füreinander der „Gemeinde von Schwestern und Brüdern"; Kinder Gottes sind sie, fern von theologischer Arroganz und geistlicher Überheblichkeit. In Demut und Achtsamkeit „halte einer den andern höher als sich selbst" (Phil 2, 6) und einer trage und ertrage des andern Last und Talent (Gal 6, 2).
Dabei ist die „Gemeinde von Schwestern und Brüder" keine Familie der Perfekten; sie lebt in der Welt. Auch die zur Geschwisterschaft Jesu gehören, erfahren die Spannung und den Widerspruch von Wollen und Vollbringen des Willens Gottes: „das Gute, das ich will, das tue ich nicht, sondern das Böse, das ich nicht will" (Röm 7, 19). Sie wissen um die drohenden Spaltungen zwischen Rechthaberei und Gleichgültigkeit, zwischen Trägheit und Hektik, zwischen Intoleranz und Indifferenz, zwischen evangelischer Freiheit und gesetzlicher Moral. Achtsam anerkennen sie Schwäche und Schuld bei sich und bei anderen.
Sie sind Menschen, die aus der Vergebung leben im gegenseitigen Vergeben und gemeinsamen Gebet, im zurückblickenden „Heilen der Erinnerung" und im vorschauenden Dasein für und mit anderen. Eine Familie der gerechtfertigten Sünder sind sie, weil die „Botschaft von der freien Gnade Gottes. ausgerichtet an alles Volk" (Barmen VI) ihnen zugesagt ist und Versöhnung schafft.
„Selig sind die Barmherzigen; denn sie werden Barmherzigkeit erlangen" (Mt 5, 7). Weil Gott barmherzig ist, geben sie die von Gott empfangene Barmherzigkeit und Liebe als seinen Willen weiter und lassen die Liebe Gottes aufscheinen als „Sonne der Gerechtigkeit".

„Gemeinde von Schwestern und Brüdern" sind sie nach Jesu Weisung weiter auch für die öffentlichen Räume, verantwortlich für Mitmenschen und Mitwelt. Das passiert, wenn sie „erinnern an Gottes Reich, an Gottes Gebot und Gerechtigkeit und damit an die Verantwortung der Regierenden und Regierten“ (Barmen V).

Das passiert, wenn mit dem Liebesgebot, Leben fördernd und Zukunft eröffnend, Frieden gestiftet wird von denen, die Jesu Seligpreisung „Kinder Gottes“ heißt (Mt 5, 9), wenn – wie die EKD-Schrift von 2017 „Konsens und Konflikt“ sagt -- die Kirchen heute als „Orte demokratischer Beteiligung“ „Ängste wahrnehmen, Gespräche führen, Konflikte austragen“.
„Selig sind die Barmherzigen; denn sie werden Barmherzigkeit erlangen“ (Mt 5, 7). Weil Gott barmherzig ist, geben sie die von Gott empfangene Barmherzigkeit und Liebe als seinen Willen weiter und lassen die Liebe Gottes aufscheinen als „Sonne der Gerechtigkeit“.

Da wird überwunden dann auch die Spannung zwischen der Herausforderung durch Komplexität einerseits und der Sehnsucht nach Einfachheit andererseits. Da wird in Gemeinde und Kirche Einheit in Vielheit, das vielfältige Wir der ökumenischen Gemeinde verschiedener Sprachen und Kulturen gelebt. Wahrheitsgewissheit und Toleranz korrelieren gegen Spaltung und Trennung von „drinnen oder draußen“. Allen gilt der Wille Gottes: „Du sollst den Herrn, deinen Gott, lieben von ganzem Herzen, von ganzer Seele und mit aller deiner Kraft und deinem ganzen Gemüt, und deinen Nächsten wie dich selbst“ (Lk 10, 27).

Liebe Gemeinde, kommen wir noch zu unserer Ausgangsfrage: Wie geschieht die Überwindung der Spaltung von „drinnen oder draußen“? Sie geschieht mit der Botschaft Jesu von Reich Gottes und seiner Gerechtigkeit im Tun des Willens Gottes, wie der Samariter konkret, grenzüberschreitend und verbindend tat. Ob „drinnen und draußen“ - diese Weisung gilt allen.

Angesichts der Veränderungen und Negativprognosen zur kirchlichen Entwicklung, liebe Gemeinde, liegt die Zukunft der Kirche darin, bei Jesus und beim Tun des Willens Gottes zu bleiben; so wird die Kirche in zuversichtlichem und zukunftsfrohem Glauben bleiben bis an den Tag, den Gott bestimmt (CA VII). Denn Christus verheißt: „Ich bin da; ich bin bei euch“ mit der Predigt vom Reich Gottes und mit dem Abendmahl. Er ist Geber und Gabe; er schenkt, wovon wir, die Gemeinde und Kirche, leben und was wir uns selbst nicht zu geben vermögen: „Gnade um Gnade“ (Joh 1, 16).
Kommt, ihr seid eingeladen.

Und der Friede Gottes, der höher ist als unsere Vernunft, der bewahre eure Herzen, Sinne, euer Denken und Tun im Glauben an Jesus Christus, unseren Bruder uund Herrn. Amen.

Lk 6, 27 – 39: „Feindesliebe“

Drittletzter So. d. Kirchenjahres Eröffnung der ökumenischen Friedensdekade, 10.11.2019
im „Augustinum“ in Heidelberg

1. Sind nicht völlig realitätsfern, liebe Gemeinde,
diese Weisungen in der Feldpredigt Jesu? - Tut wohl denen, die euch hassen; segnet, die euch fluchen; bittet für die, die euch beleidigen. Und weiter lauten die Gebote: wer dich auf eine Backe schlägt, dem biete die andere auch dar; wer dich bittet, dem gib; wer dir das deine nimmt, von dem fordere es nicht zurück; richtet nicht, verdammt nicht, vielmehr vergebt und gebt.
Das scheint nicht nur das eigene Selbst zu überfordern, sondern auch den gesellschaftlichen Regelungen zu widersprechen. Erzählt doch das alltägliche Zusammenleben vom unvereinbaren Gegensatz zwischen dem einen und dem anderen, weil sich da ein ungewohnter Lebensstil verbindet mit fremden, oft von Vorurteilen geprägten Anschauungen. Das tägliche Leben berichtet weiter, wie die Regelverletzung des einen oder des anderen in Haus und Nachbarschaft einen Konflikt entzündet, der über Antipathie und gegenseitige Beschimpfung in Feindschaft und Hass eskaliert. Auswurf der Macht der Sünde und des Bösen aus dem bösen Herzen der Menschen. Man ist zerworfen; die Gemeinschaft ist kaputt. Da wird jeweils das eigene Recht eingefordert, der Prozess eingefädelt, mit Anwalt und Gericht die eigenen Interessen durchzusetzen versucht.
Auf den anderen zugehen, mit einander reden, Empathie, Mitleid, Verzicht auf Vergeltung oder Rücknahme eigener Ansprüche werden als schwächlich abgelehnt. Und wenn immer der Klügere nachgeben würde, so heißt es, würden die Dummen herrschen. Auch sei Feindesliebe nur abträglich, die eigenen Interessen zu verwirklichen und das eigene Leben zu optimieren; Mitleid und Erbarmen mindere widernatürlich die Lebensqualität, wie überhaupt das Gesunde und Starke. „Was ist schädlicher?“, fragt Fr. Nietzsche in „Der Antichrist“, Kap. 2.

2. Jesus beginnt, liebe Gemeinde, seine Weisung mit einem Aber, „Aber ich sage euch“. Es ist das Aber, das Gebot und Gehorsam miteinander verbindet. Das betont M. Luther, an dessen Geburtstag heute vor 536 Jahren wir uns erinnern. Zu Jesu Weisungen in der lukanischen Feldpredigt schreibt er kurz und knapp: „Es hilft keine Ausrede, es ist ganz einfach ein Gebot, dem zu folgen wir schuldig sind“ (Evangelien-Auslegung (1530 – 32) Bd II, hrsg., E. Mühlhaupt 1939, 104).
Bei der Feindesliebe geht es nicht um ein Gefühl, bei dem Liebe der Gegensatz von Hassgefühlen meint. Es geht vielmehr darum, eine Beziehung herzustellen durch ein Handeln, d. h. für den Anderen Gutes, eine Wohltat tun, die das Prinzip gegenseitiger Vergeltung unterbricht, aus dem Kreislauf eskalierender Feindseligkeit ausbricht.

Feindesliebe will Feindschaft und Hass durch Wohltaten für Gegner und durch Verzicht auf Rache und Gewalt gegen sie zu überwinden versuchen mit dem Ziel, Gemeinschaft und Frieden unter einander zu schaffen.
Als Herausforderung zum ersten Schritt gestaltet sich diese Weisung mit der „Goldenen Regel":"Wie ihr wollt, dass euch die Leute tun sollen, so tut ihnen auch". Es wird nun aber bei der Feindesliebe das Prinzip der Gegenseitigkeit, eben das menschliches Tun nach dem „Ich gebe, damit oder weil du gibst", die Rückerstattung nicht bestätigt. Die Erwiderung einer Wohltat ist bei der Feindesliebe nicht vorauszusetzen.
Feindesliebe wird gelebt auf Hoffnung. Hoffnung aber lässt nicht zuschande werden Dennoch– vielleicht nur ein wenig, aber das einfühlsame Wort findet bisweilen doch Gehör. Aufeinander zugehen, miteinander reden, nicht rechthaberisch beharren, sondern auf Vergeltung verzichten lässt doch immer wieder Gemeinschaft in Haus und Nachbarschaft neu entstehen.
Und in der christlichen Gemeinde wirkt im Hören auf Gottes Wort das gemeinsame Gebet und der Zuspruch der Vergebung Versöhnung, eröffnet Zukunft. Wenn Glaubende Jesu Gebot der Feindesliebe folgen, leben sie in einer Freiheit, die von der Bindung eigenen Verhaltens an das ihnen geschehene Unrecht befreit worden sind und frei sind. Sie sind befreit von den Gesetz, Böses mit Bösem zu vergelten, durch Gottes erbarmende Liebe. Diese lebenverändernde Kraft zeigt sich im lebengestaltenden Glauben. „Laß ab vom Bösen und tue Gutes; suche Frieden und jage ihm nach" (Ps 24, 25).

3. Die aus der erbarmenden Liebe Gottes leben, liebe Gemeinde, nennt Jesus „Kinder Gottes". Gottes Menschlichkeit und Menschenfreundlichkeit zeigt sich in Jesus Christus; trotz Undank, Verleumdung, Backenschlägen, erlebtem Hass und Unrecht vergab er, gab er und tat wohl; er segnete und betete für die, die ihn verfluchten. Jesus lebte die Feindesliebe, bei der – mit dem heutigen Sonntagspsalm - „Gerechtigkeit und Friede sich küssen" (Ps 85).
In Jesus Christus geht Gottes Gerechtigkeit und erbarmende Liebe uns voraus, auf dass wir folgen als Kinder Gottes und Geschwister Jesu. „Seid barmherzig wie euer himmlischer Vater barmherzig ist", ruft Jesus in der Feldpredigt. Dabei ermutigt uns die Versöhnung, die in Jesus Christus geschehen ist, zu Schritten der Versöhnung, global denkend und lokal handelnd: etwa die Selbstzurücknahme im Erbschaftsstreit mit den beiden Geschwistern um des Friedens willen; die Einladung der Mutter zu ihrem 70. Geburtstag, trotz allem, an die sich seit Jahren verleugnende Tochter; der Schritt zu auf den irgendwie fremden muslimischen Nachbarn; der Widerspruch zu Falschmeldungen und Haßsprüche auf Andere, auch Politiker usw.

Christen sind gewiss und hoffen, dass Gottes Barmherzigkeit wirksam wird in menschlichen Schritten zu Frieden und Versöhnung. Da werden Feinde nicht ausgeschlossen aus Gottes Barmherzigkeit; eingeschlossen sind sie im Gebet für Frieden und für „Heilung der Erinnerung". Das Leben jenseits der Feindschaft lässt den anderen als Mitmensch und Freund Gottes sehen, der Barmherzigkeit braucht und erfahren soll. Es geht im christlichen Glauben um eine Weise der Konfliktlösung und des Zusammenlebens, die die Möglichkeit gegenseitiger Feindschaft und Rache gänzlich umwertet, aus den Angeln hebt und umkehrt. Das sagt Jesus in der Feldpredigt mit dem „Aber“: Aber ich sage euch.

Von der gelebter Feindesliebe erzählen die Lebensgeschichten von Martin Luther King, von Nelson Mandela, Bischof Romero und die Märtyrer D. Bonhoeffer und M. Kolbe. In der Wolke von Zeugen und exemplarischer Christen als „Friedensstifter“ sind sie Kinder Gottes, denen Jesu „Seligpreisung“ gilt: „Selig sind die, die Frieden stiften; sie werde Gottes Kinder heißen“ (Mt 5, 9).

Im Blick auf mich persönlich, im Wissen um die Spannung von Wollen und Vollbringen gestehe ich: Nicht selten meine ich, dass die Fußstapfen dieser modernen Heiligen wie auch das Gebot der Feindesliebe für mich sehr groß, oft, meist zu groß sind. Dennoch hoffe ich darauf, dass mit Gottes Hilfe so etwas möglich ist, auch mir, immer wieder: Feindschaft mit Guten zu beantworten, Fluch mit Segen, Beleidigung mit Gebet. Auch für mich gilt ja die Verheißung Gottes: „Meine Kraft ist in den Schwachen mächtig“ (2. Kor 12, 9f), und sie gilt auch für die, mit denen Mitleid zu haben, „auch eine Art Feindesliebe“ ist, wie Erich Fried anzeigt:
„Mitleid haben auch mit denen,
in denen das Leid
so schlecht wie keinen
Platz mehr gelassen hat.
für ihr Mitleid“.

Liebe Gemeinde am Beginn der ökumenischen Friedensdekade,
gewiss bin ich: Gottes Barmherzigkeit erweist sich – gegen Fr. Nietzsches antichristliche Verleumdung – in Mitleid und Erbarmen als Leben fördernde und Zukunft erschließende Kraft in unserer sich nach Versöhnung und Frieden sehnenden Welt.

Und der Friede Gottes, der höher ist als unsere Vernunft, der bewahre unsere Herzen, unsern Verstand und unser Tun im Glauben an Jesus Christus. Amen.

Jes 66, 12 – 24: „Der Zorn umkehrende Trost“

Mittwochmorgen-Gottesdienst am 12. 12. 2018 in der Peterskirche

Predigttext: Jes 66, 12 – 24:

„12. Denn so spricht der Herr: Siehe, ich breite aus bei Ihr (Jerusalem) den Frieden wie einen Strom und den Reichtum der Völker wie einen überströmenden Bach. Da werdet ihr saugen, auf dem Arm wird man euch tragen und auf den Knien euch liebkosen. 13. Ich will euch trösten, wie einen seine Mutter tröstet; ja, ihr sollt an Jerusalem getröstet werden. 14. Ihr werdet´s sehen und euer Herz wird sich freuen, und euer Gebein soll grünen wie Gras. Dann wird man erkennen die Hand des Herrn an seinen Knechten und den Zorn an seinen Feinden.
15. Denn siehe, der Herr wird kommen mit Feuer und seine Wagen wie ein Wetter, dass er vergelte im Grimm seines Zorns und mit Schelten in Feuerflammen. 16. Denn der Herr wird durchs Feuer richten und durch sein Schwert alles Fleisch, und der vom Herrn Getöteten werden viele sein. 17. Die sich heiligen und reinigen bei den Gärten für den einen, der in der Mitte ist, und die Schweinefleisch essen, gräuliches Getier und Mäuse, die sollen miteinander weggerafft werden, spricht der Herr.
18. Ich kenne ihre Werke und ihre Gedanken und komme, um alle Völker und Zungen zu versammeln, dass sie kommen und meine Herrlichkeit sehen. 19. Und ich will ein Zeichen unter ihnen aufrichten und einige von ihnen, die errettet sind, zu den Völkern senden, nach Tarsis, nach Pul und Lud, nach Meschech, Tubal und Jawan und zu den fernen Inseln, wo man nichts von mir gehört hat und die meine Herrlichkeit nicht gesehen haben, und die sollen meine Herrlichkeit unter den Völkern verkündigen.
20. Und sie werden alle eure Brüder aus allen Völkern herbringen dem Herrn zum Weihgeschenk auf Rossen und Wagen, in Sänften, auf Maultieren und Dromedaren nach Jerusalem zu meinem heiligen Berge, spricht der Herr, gleichwie die Israeliten die Opfergaben in reinem Gefäße zum Hause des Herrn bringen. 21. Und ich will auch aus ihnen Priester und Leviten nehmen, spricht der Herr. 22. Denn wie der neue Himmel und die neue Erde, die ich mache, vor mir Bestand haben, spricht der Herr, so soll auch euer Geschlecht und Name Bestand haben. 23. Und alles Fleisch wird einen Neumond nach dem andern und einen Sabbat nach dem andern kommen, um vor mir anzubeten, spricht der Herr. 24. Und sie werden hinausgehen und schauen die Leichname derer, die von mir abtrünnig waren, denn ihr Wurm wird nicht sterben, und ihr Feuer wird nicht verlöschen, und sie werden allem Fleisch ein Gräuel sein.“

Liebe Gemeinde des Mittwochmorgen,

1. Sollte Zorn etwa eine Wesenseigenschaft Gottes sein? Aus meiner Studienzeit erinnere ich mich, wie der Alttestamentler Claus Westermann einmal emphatisch dagegen sprach. Der eben gehörte Schluss des gesamten Jesajabuches in Jes 66, 24 vom Todesblick der verwesenden Leichen des Zorngerichts Gottes könnte diesen Eindruck erwecken. Aber als gewisse Kritik hieran lässt schon die masoretische Schriftlesung in der Synagoge die große Verheißung Gottes im vorangegangenen Vers 23 nach dem Gerichtswort in Vers 24 wiederholen: „Neumond um Neumond, Sabbat um Sabbat wird alles Fleisch kommen, um vor mir anzubeten, spricht der Herr“.
Gott reagiert mit Zorn auf des Menschen Sein-wollen-wie Gott, auf des Menschen Verschließen gegen den guten Willen Gottes. Zorn entspringt aus einer gestörten oder kaputten Beziehung zum Liebenswerten und Geliebten. Leidenschaftliche Emotionen des lebendigen Gottes, der in seinem „Herzen“ betroffen ist, verbinden sich damit. Bei uns Menschen spiegeln sich die entfachten

Gefühlsausbrüche wider im Minenspiel, in der Gesichtsfarbe, in den Augenpopillen, im Ballen der Faust. Es ist der schmerzvoll brennende Zorn, der den Partner, den Freund, die Geliebte ganz ernst nimmt und zugleich - Zorn nicht das Letzte bleiben lassen will. In unsern Bibelabschnitt am Ende des sog. Tritojesajabuches zürnt der eiferheilige Gott über die selbstsichere und selbstherrliche Abkehr der nicht vom Babylonischen Exil betroffenen Landsässigen in Jerusalem.

Bei der Rede vom Zorn Gottes handelt es sich gewiß auch um eine anthropomorphe Reminiszenz, die aber das Geheimnis des lebendigen Gottes offenhält. Fragen wir uns jedoch auch: wie können wir von Gott reden, obwohl wir sein heiliges Geheimnis nicht zu erfassen vermögen, und dennoch von ihm reden dürfen und sollen? Auch die metaphorische Rede, die die Beziehung mit Gott zu erhellen und zu erstellen sucht, bleibt nur tastendes Vorgehen
Von Gott und Gottes Zorn und Erbarmen reden, geschieht letztlich aus eigenem Betroffen- und Angegangensein, aus der persönlichen Anrede von Gott. Dem schuldhaft Verstrickten trifft der Zorn, letztlich als Gottes uneigentliches Sein. Gott zeigt da in Furcht erregender Weise seine abweisende Seite, soz. sein Du, das sein eigentliches Wesen, sein Ich, verbirgt. Sein Wesen, sein „Herz" wird offenbar in seinem Treuebund mit Israel, in der Heilsgeschichte und die Verheißungen für das Volk Abrahams, wo seiner Verheißung Glauben antwortet, Glauben an seine erbarmende Güte.

2. Gottes Erbarmen und Treue, liebe Gemeinde, haben die Rückkehrer aus dem babylonische Exil erfahren. Gerettete werden sie genannt. Erfüllt mit Freude und Dank für das erfahrene Heil Gottes, finden sie nun in der ererbten Heimat, in Jerusalem, Stadt des Friedens, ab- und ausgrenzenden Kleingeist und müden Klein- und Unglauben. Die große Bundes- und Heilsgeschichte Gottes mit ihren Verheißungen hatte man dort vergessen. Der Alltag mit Angst und Sorge überlagerte alles. Selbst ohne Mut, hatte man auch Gott klein gemacht, ins Abseits geschoben, aus Angst andere Geltungsansprüche groß gemacht. Aber Gottes Gebot „Ich bin der Herr, dein Gott", „wir sollen Gott über alle Dinge fürchten, lieben und vertrauen" fand weder Gehör noch Glauben.
In dieser lethargischen Enge sind es die Rückkehrer, die, begeistert von Gottes erfahrener Rettung, den Horizont weiten, die aus der Enge aufbrechen. Die großen Taten Gottes und seine universale Verheißung verkündigen sie neu für Jerusalems Zion und für die ganze Welt, vor Ort und in alle Richtungen, missionarisch bis an die Enden der Erde. Die Heiligkeit und Herrlichkeit Gottes wird bezeugt und gepriesen vor der Welt. Denn Gottes Erbarmen ist es, dass in seinem rettenden Handeln das Gericht durchbrochen hat und weiterhin durchbricht. So gegen die Hemmnisse von Hochmut, Trägheit, Aberglaube lässt Gott durch seine Boten seine heilvollen Verheißungen weitergeben und sein Wort immer neu verkündigen, wie auch wir im „Lob aus der Tiefe" gewiss sind.

3. In gottvergessender Zeit damals wie heute, liebe Gemeinde, erweist sich so der Trost des „Gottes alles Trostes" (2. Kor 1, 3). „Trost der ganzen Welt" - unterschieden von Trostpflaster und Vertröstung, von den hilflosen Verallgemeinerungen: „Es wird schon wieder", „Es könnte schlimmer sein", „Es geht anderen auch so" - „Trost der ganzen Welt" eröffnet den weiten Horizont Gottes und bringt Veränderung. Es ist der Trost, der ins Leben führt.
Trost hängt mit Trauen, Vertrauen, Zutrauen zusammen. Weil mir jemand vertrauend zutraut, traue ich mir vertrauend zu: ein trotziger Trost. Von außen wird Trost gegeben, das Trostwort zugesprochen, aus Bedrückung und Leid herausgeführt; von einem anderen – nicht von mir selbst - wird auf neue Perspektiven verwiesen. So auch der Gott alles Trostes: die ängstigende Beengung seines Zorns kehrt er um in seine Zukunft und Hoffnung eröffnende Liebe. Anteil nimmt er; Gottes eigentliches Wesen, sein „Angesicht" (Jes 54, 7f), sein Ich, sein „Herz" zeigt sich, den Müttern gleich – Mütter sind die großen Trösterinnen, oft auch Väter - ; in Liebe schließen sie ihr Kind in die Arme, küssen, streicheln es, nähren es, tragen es auf den Armen.

Im „Spiegel des väterlichen Herzens“ (BSLK 660, 42) outet Gott sein Wesen als die Liebe des Liebenden im Kommen Jesu Christ.
Gottes Trostwort, Gott selbst, schafft freudige Gewissheit und mutige Tat. Er schenkt Vergebung, d. h. Leben und Seligkeit, er erschließt Leben förderndes Denken und Handeln im Vorletzten und gewisse Hoffnung auf den neuen Himmel und die neue Erde im Letzten: das neue Jerusalem.

Er wird nun bald erscheinen. - Davon dürfen und können auch wir erzählen da, wo Menschen fragen: „Wo bleibst du Trost der ganzen Welt?“ und verheißen wird: „Seid getrost; fürchtet euch nicht. Gott hört“ (Jes 35, 4). Und auch wir dürfen den Trost Gottes erfahren, bei Trost sein, in der Feier des Abendmahls.
„Freut euch. Und eure Freude soll niemand von euch nehmen“ (Phil 4, 4). Amen.

Lk 1, 26 – 38, 39 – 56: „Sehender Glaube“

4. Advent, 23. 12. 2018 in Leimen

Liebe Gemeinde,
ein Glücksgefühl erfüllte mich, als meine Frau mir sagte: „Ich bin schwanger. Wir werden Eltern, eine Familie“. Freude und Hoffnung. Nicht wenige kennen entsprechende Erfahrungen.
Heute, kurz vor dem Weihnachtsfest lässt der Evangelist Lukas uns mit zwei Frauen guter Hoffnung und Vorfreude einstimmen in ein Dank- und Hoffnungslied an Gott.

1. Begegnung.
Eine Begegnung. Eigentlich findet das ganze Leben sich in Begegnungen wieder – hier aber eine besondere, einzigartige.
Da die betagte Priesterfrau Elisabeth, bis vor kurzem ohne Hoffnung – wie noch jetzt ihr skeptischer Ehemann – nun jedoch ist sie schwanger. Da das junge Mädchen Maria ohne Ehemann, auch sie ist schwanger. Mit einem Segensgruß und einer Seligpreisung empfängt Elisabeth Maria: „Selig bist du“. Eine freudige Begegnung. Auch die Kinder unter ihren Herzen scheinen Anteil zu haben: der Vorläufer Johannes – der Name bedeutet „Der Herr ist gnädig“; er ist der Vorläufer dessen, der den Namen haben wird „Jesus“, „Gott rettet“. Immer wieder haben bildende Künstler dieser Begegnung Ausdruck ästhetischer Schönheit und tiefer Frömmigkeit verliehen.
Maria ist zu ihrer Verwandten berggewandert aus dem weltvergessenen Flecken Nazareth. Etwas Herausragendes ist die junge Frau nicht; weder Vermögen noch Ansehen sind ihr eigen. Aufmerksamkeit wird ihr kaum geschenkt. Und ihre wenig reputative Ahninnenreihe Thamar, Rahab, Ruth, Bathseba hebt sie gerade nicht aus dem Muster normaler Familien.
Guter Hoffnung sind beide Frauen, als sie sich begegnen: eine beglückende Beziehung durch die Zukunft eröffnende Hoffnung des freudigen Ereignisses.
Maria geht schwanger mit Gott. In hochgestimmter Seligkeit jauchzt sie: „Meine Seele preist die Größe des Herrn, und mein Geist jubelt über Gott, meinen Retter. Denn auf die Niedrigkeit seiner Magd hat er geschaut!“.

2. Gottes Ansehen.
Gott ist es, der diese junge Frau ins Auge gefasst, angesehen und damit erwählt hat: ein Augenblick Gottes voller Liebe. Gottes Augen sind gerichtet nach unten auf die Niedrigkeit dieser jungen Frau, Gottes Ansehen auf sie, die nicht angesehen ist, vielmehr übersehen, die kaum Anerkennung findet

und sich nicht anerkannt fühlt, um, ja, um gerade ihr gegen den Augenschein Anerkennung zu schenken, Ansehen zu schaffen. Gottes Augen- und Anblick ist schöpferisch.
Von Gott angeschaut werden, bedeutet etwas Ungewöhnliches, Unwahrscheinliches: Unterbrechuung, Veränderung, Neuschöpfung. Gott setzt seine Hoffnung in Maria und Maria wird guter Hoffnung, um Gottes Hoffnung mitleuchten zu lassen als seine sich selbst mitteilende Liebe zu den Menschen. „Übergnädig", wie Martin Luther prägnant sagt, hat Gott Maria angesehen (Cl II, 149, 9). Durch seinen Geist teilt Gott sich selbst mit als der, der gnädig und barmherzig ist (Cl II, 141, 21, 25). Gottes Kommen zu uns in der Krippe und sein gnädiges Erbarmen in der „Liebe des Gekreuzigten" liebt gerade die Schwachen, die Behinderten, die Sünder, „um sie zu Gerechten, Guten, Weisen und Starken zu machen": die Rechtfertigung des Sünders, nicht der Sünde, und des Schwachen, nicht der Schwachheit. So werden auch die, die nicht angesehen und anerkannt werden, Angesehene und Anerkannte, weil sie immer schon von Gott angesehen und anerkannt sind. Es gibt keinen Niemand, keine Nichtse, keine Loser, keine Namenlose. Angesehen von Gott, beim Namen gerufen, sind sie Angesehene, Benannte und Bekannte. „Gottes Kraft ist in den Schwachen mächtig" (2. Kor 1, 9).
Es geht hier um die Sehschule Gottes, um die Sehschule des Glaubens.
„Aber" - so Luther in seiner Auslegung des „Magnifikat" - „Aber die Welt und die Menschen … sehen nur über sich, wollen ja hoch fahren … . Das erfahren wir täglich, wie jedermann nur über sich zur Ehre, Gewalt, Reichtum, zur Kunst, gutem Leben und allem, was groß und hoch ist, sich bemüht. Und wo solche Leute sind, denen hängt jedermann an; da läuft man hin, da dient man gern, da will jedermann sein, und des Hohen teilhaftig werden ...".
Nun das kennen wir aus Sport, Musik, Nachbarschaft und Politik. Auch lebt unsere Konkurrenz- und Leistungsgesellschaft mit ihrem Ranking irgendwie davon. Und vielleicht kennen wir es auch bei uns selbst. „Wiederum in die Tiefe will niemand sehen, wo Armut, Schmach, Not, Jammer und Angst ist; da wendet jedermann die Augen ab", so Luther (Cl II, 136, 29 – 39).

3. Neuschöpfung durch den Glauben.
Gott sieht Maria an. Und von Gott angesehen werden, bedeutet im Leben etwas Ungewöhnliches, Nicht-selbstverständliches. Von Gott angesehen, antwortet diese junge Frau: „Mir geschehe wie du gesagt hast". Indem Gott sie ansieht, erwählt er sie und nimmt sie und ihre kleine Geschichte in seine große Heilsgeschichte. „Selig, die du geglaubt hast", preist Elisabeth Maria. Beispiel des Glaubens ist sie. Es ist der Glaube aus der menschenfreundlichen Liebe Gottes zur neugeschaffenen Hoffnung, die alles verändert, eine Neugeburt, Weihnachten.
Die Botschaft von Weihnachten will Neues zu Gehör bringen, die Augen aufgehen lassen, Sinn eröffnen für Gottes menschenfreundliche Liebe: angesehen neu sehen, angeschaut die anderen anschauen, erkannt von Gott, alles um sich herum neu wahrnehmen, ein Danken im Sich-verdanken, als immer schon Geliebte lieben. So das nicht-selbstverständliche Geschenk der glücklichen Leidenschaft des Glaubens durch Gottes Ansehen: das unwahrscheinliche Wunder der Liebe Gottes. In diesem Sinn singt Angelus Silesius: Wär´ Christus tausendmal in Bethlehem geboren und nicht in Dir ...", das Weihnachtswunder im Bauch der Maria würd´ Dir nicht widerfahren.

4. Magnifikat.
Maria stimmt den Lobpreis des „Magnifikat" an, das Gott groß machende Lied des Glaubens. Sie singt von der gegenwärtigen, sich noch vollendenden Zukunft. Sie dankt mit Herz und Mund, sie jauchzt vor Freude, sie lobt gegen menschliche Versuche, Gott klein zu machen, Gottes Größe und Barmherzigkeit.
Gottesfreude im rückblickenden Dank wird als „erfüllte Freude" zugleich mit Vorfreude besungen. Es ist die Freude über das verheißene Licht, das in der Finsternis scheint, das Unwahrscheinliches, Wunderbares im Ansehen Gottes wahrnehmen, ungerechte Verhältnisse verändern und Schwachen

Anerkennung zuteil werden lässt. In der Sehschule des Glaubens findet die Barmherzigkeit Gottes Abdruck im Leben von uns Menschen: Recht und Gerechtigkeit, Barmherzigkeit und Gnade als Bedingung für Frieden und Freiheit. Indem die Sehschule des Glaubens den Blick nicht „nach oben“ auf Ansehen und Profit, auf die Reichen und Mächtigen richtet, sondern „nach unten“ auf die Schwachen und Armen, ändern sich die Verhältnisse – durch das erneuerte Herz für die „Niedrigen“.
„Ich will ein neues Herz und einen neuen Geist in euch geben und will das steinerne Herz aus eurem Fleisch wegnehmen und euch ein fleischernes Herz geben“, verheißt der Prophet (Hes 36, 26). In der Sehschule des Glaubens ändern sich die gängigen und gewohnten Wertigkeiten.
Auch durch uns Menschen erhöht Gott die Schwachen und Notleidenden und hilft ihnen. Brot des Lebens wird da Brot zum Leben und Brot für die Welt.

5. Freude der Glaubenden.
Davon singt Maria im „Magnifikat“. Sie singt wie einst Miriam (Ex 15), Debora (Ri 5, 24) und Hanna (1. Sam 2, 1 – 10). Gottes Größe und Erbarmen preist sie, an die Verheißungen seines früheren Heilshandelns erinnert sie, seine zukünftigen Rettungen prophezeit sie. Sie jauchzt, sie jubelt. Denn ihr Herz ist erfüllt und voll; so geht der Mund über: „Ich freue mich im Herrn, und meine Seele ist fröhlich in meinem Gott“ (Jes 61, 10a).
Freude ist erlebbarer Anfang der Hoffnung in unserem Leben mit Gott. Und wir Menschen und diese Welt sind in der Freude Gottes gegründet. Wir sind Menschen seines Wohlgefallens. Gott hat die Freude an uns Menschen nicht verloren. Gottes Menschenfreundlichkeit wird an Weihnachten real, Gott wird Mensch. So viel sind wir wert in seinen Augen; bleibend wertvoll sind wir durch den Mehrwert seiner Gnade. „Eh‘ ich durch Deine Hand gemacht, da hast Du schon bei Dir bedacht, wie Du mein wolltest werden“ (EG 37, 3).
Mit Maria singen darum auch wir: sie schwanger mit Christus, wir mit Christus durch den Gauben verbunden; denn ich lebe nicht aus mir selbst, „sondern Christus lebt in mir“ (Gal 2, 20a) und ich mit Christus. „Neue Geschöpfe“ sind wir durch Gottes Ansehen in der Vorfreude und Freude von Weihnachten: „Magnifikat! Meine Seele erhebt den Herrn und mein Geist freut sich Gottes, meines Heilandes“. Freuet Euch.

Und der Friede Gottes, der höher ist als unsere Vernunft, der geleite uns zur echten Weihnachtsfreude. Amen.

Lk 18, 1 – 8: „ Das beharrliche Gebet: ‚Dein Reich komme‘“

Vorletzter Sonntag des Kirchenjahres (auch Volkstrauertag), 18. 11.2018
in der Peterskirche

Predigttext: Lk. 18, 1 – 8:

„(1) Er sagte ihnen aber ein Gleichnis davon, dass man allezeit beten und nicht nachlassen sollte, (2) und sprach: Es war ein Richter in einer Stadt, der fürchtete sich nicht vor Gott und scheute sich vor keinem Menschen. (3) Es war aber eine Witwe in derselben Stadt, die kam immer wieder zu ihm und sprach: Schaffe mir Recht gegen meinen Widersacher! (4) Und er wollte lange nicht.

Danach aber dachte er bei sich selbst: Wenn ich mich schon vor Gott nicht fürchte noch vor keinem Menschen scheue, (5) will ich doch dieser Witwe, weil sie mir so viel Mühe macht, Recht schaffen, damit sie nicht zuletzt komme und mir ins Gesicht schlage.
(6) Da sprach der Herr: Hört, was der ungerechte Richter sagt! (7) Sollte Gott nicht auch Recht schaffen seinen Auserwählten, die zu ihm Tag und Nacht rufen und sollte er bei ihnen lange warten?
(8) Ich sage euch: Er wird ihnen Recht schaffen in Kürze. Doch wenn der Menschensohn kommen wird, wird er dann Glauben finden auf Erden?

1. „Ja, die Welt ist dunkel". Politische Spannung, Spaltung, Angst. Aber dann fügte Karl Barth mit dem ihm eigenen Humor hinzu: „Nur ja die Ohren nicht hängen lassen! Nie! Denn es wird regiert, nicht nur in Moskau oder in Washington oder in Peking, sondern es wird regiert, und zwar hier auf Erden, aber ganz von oben, vom Himmel her! Gott sitzt im Regimente! Darum fürchte ich mich nicht". Das war am Abend vor seinem Tod, dem 9. Dezember 1968, im Telephonat mit dem langjährigen Freund Eduard Thurneysen über die Spannungen in der Welt damals (Karl Kupisch, Karl Barth, Reinbeck 1971, 135).
Liebe Gemeinde in spannungsvoller Weltlage heute am vorletzten Sonntag des Kirchenjahres; mit dem Volkstrauertag fällt er zusammen. Wie jeder Sonntag erinnert er an die Überwindung der Macht des Todes und des Bösen in der Auferstehung Jesu Christi; zugleich weist er auf das alles vollendende Reich Gottes durch den „wiederkommenden" Kyrios. „Dein Reich komme", wie wir im Vaterunser beten, wenn Gott seine jetzt noch verborgene Herrschaft durchsetzen wird und alles neu wird.

2. Ganz anders ist das, was Dostojewski im „Großinquisitor" erzählt: Christus ist wieder gekommen in die mittelalterliche Metropole Sevilla. Die Ängste und Sehnsüchte der Menschen richten sich auf Jesus. Man schart sich um ihn. Es kommt zu Unruhen. So machen ihn die Ordnungshüter dingfest. Da mitten in der Nacht öffnet sich die Gefängnistür. Der geistliche und politische Macht repräsentierende Großinquisitor tritt ein. „Warum bist du gekommen ?", fragt er. - Schweigen - „Wir brauchen dich nicht. Wir haben alles unter Kontrolle. Was willst du?" - Schweigen - „Du störst!". Dann wird die Gefängnistür geöffnet. „Geh, geh und komm nie, nie, nie wieder". Und Christus geht hinaus in die Finsternis.

Irreale „Hinterweltler" seien wir, wie Dietrich Bonhoeffer einmal sagte (19. 11. 1932, in: DBW XII, 264 - 278)), „ wir glauben nicht mehr an Gottes Reich" auf Erden in Treue zur Erde und im Himmel als Letztem.
Unter Kontrolle meinen auch heute viele fast alle Dinge zu haben – sogar Freiheit und Sicherheit. Manchen genügt das naturalistisch oder szientistisch Geltende, manchen Wohlstand und Wohlfahrt als heiliges Diesseits. „Gut leben und schnell und leicht sterben", so sagte mir ein Gesprächspartner kürzlich.
Anderen, im Wissen um den Menschen als auf Zukunft hin offen, ist ein Ahnen eigen, dass diese Welt nicht das ist, was sie sein sollte. Da ist ein Sehnen nach mehr: die Vision von Ganzheit bei allem Fragmentarischen, ein Öffnen für das Sein im „Dasein zum Tod", ein Wunsch nach Heilung der Verletzungen, die Nichtachtung oder Nichtanerkennung beibringen; da ist der Schrei nach Gerechtigkeit angesichts weltweiten Unrechts, nach Geltung von Recht und ausgleichender Gerechtigkeit - auch für die Abgehängten und Schwachen.
Zugleich steigern sich im verbreiteten Krisenbewusstsein Lebenssorge und Zukunftsangst: die Sorge, was möglicherweise sein wird, die Angst, die die gegenwärtige Ausstellung im Bonner „Haus der Geschichte" als deutsche Gefühlslage zu beschreiben versucht, eben Schreckensszenarien vor einer Zukunft, die sich der Mensch zu verbauen droht: Angst letztlich vor Endlichkeit und Sinnleere.

Und da werden dann nicht selten Wünsche und Sehnsüchte gestillt durch Flucht in Utopien, wo Letztes ins Vorletzte ver-rückt werden soll. Nicht selten wurde das Kommen des Reiches Gottes umfunktioniert in politische und soziale Utopien mit ihren Erlösungsversprechen, wie die neuere Geschichte zeigt.

So wurde in Joachim von Fiores trinitarischem Zeitalter-Verständnis die Epoche des heiligen Geistes als drittes Reich ideologisch verdreht, woran am Volkstrauertag erinnert wird. Als Reich des idealistischen Geistes, vermischt mit nationalem Expansionsstreben, sollte es real werden. Den Zusammenbruch erlebte es in den Schlachten des I. Weltkrieges, an dessen Ende vor 100 Jahren wir in diesen Tagen gedenken.
Die Verweltlichung des Reiches Gottes im Utopismus einer klassenlosen Gesellschaft verkehrte sich in die Diktatur des Kommunistischen Partei. Unfreiheit und grenzenloses Elend von einzelnen und Gruppen war die Realität.
Das „Dritte Reich" rassischen Superioritätswahns und völkischer Hybris brachte nicht das „Erwachen" einer biblischen 1000-jährigen Zeit (Offb 20, 1-6), vielmehr millionenfaches Leiden und Sterben von Soldaten und Zivilisten; der Gedenkstein außen an der Peterskirche mahnt daran. Die Umkehrung des Reiches Gottes brachte den zynischen Genozid an Juden und den Mord an Sinti, Roma sowie an Behinderten; und die Umwertung christlicher Werte brachte auch die Pervertierung des „lebendigen Geistes" von Kunst und Wissenschaft. Das Gedenkbuch in der Peterskirche erinnert an rassisch verfolgte Universitätslehrer.

Perfekte Zustände, paradiesische Verhältnisse wollten da Menschen in anmaßender Selbstüberschätzung und Selbstoptimierung errichten. Die Versuche der Menschen, Letzgültiges auf Erden herzustellen, scheiterten und scheitern als „Haschen nach Wind". Christlicher Realismus jedoch – gegen populistische Vereinfachung – differenziert und zeigt Grenzen; fragmentarisch und zeitlich begrenzt ist menschliches Machen und Erkennen. Christlicher Realismus weiß um das Schuldigwerden an Anderen und Schuldigbleiben gegenüber Anderen, etwa gegenüber der kommenden Generation. Und christlicher Realismus nimmt die Brüche im eigenen Leben wahr. „Wir sollen Menschen sein und nicht Gott; das ist die Summa" schrieb M. Luther in spannungsreichen Tagen 1530 von der Coburg (an Spalatin am 30. 5. 1530, WAB 5, 415,45). Er erinnert damit an die Unterscheidung von Gottes Handeln und menschlichem Tun und an die Diskrepanz von menschlichem Wollen und Vollbringen (Röm 7, 18). „Die Furcht Gottes ist aller Weisheit Anfang" (Spr 1, 7; Ps 111, 10).
Grenze für Machen, Wollen und Erkennen der Menschen signalisiert das Reich Gottes. Die Gewissheit des Reiches Gottes weckt einerseits die Freude an kreativen Visionen etwa für das zusammenwachsende Europa, an Plänen, wo im eigenen Bereich Anerkennung verweigert wird, und überhaupt am Gestalten des Vorletzten; andererseits relativiert Gottes Reich das Vorletzte vom Letzten her, von der „Gnade in Gottes Gericht". So gebiert die Erwartung des Reiches Gottes Demut, Verantwortung und Gelassenheit. „Trachtet am ersten nach dem Reich Gottes" und „alles andere wird euch dazu gegeben werden", verkündigt Jesus in der Bergpredigt (Mt 6, 33). Und das geschieht gerade dadurch, „dass man mit der drängenden Bitte nach dem Kommen des Reiches Gottes nicht nachlässt" (Lk 18, 1). Davon berichtet der Evangelist Lukas.

3. Verdämmert war die Erwartung des Reiches Gottes. Für sein Kommen wurde nicht mehr gebetet, weil Christus nicht mit Macht auf die Erde wiedergekommen sei. Auf den St. Nimmerleinstag war sein Kommen aufgehoben und aufgeschoben. Die alltäglichen Dinge mit ihren Pflichte und Ängsten hatten den Gedanken an das Kommen des Reiches Gottes einfach verschwinden lassen. Für die einen war das Letzte vom Vorletzten absorbiert worden.
Und somit, liebe Gemeinde, erzählt Jesus im gehörten Bibelabschnitt ein Gleichnis: Da war eine Witwe – um diese Frau geht es vor allem - eine Witwe, ohnehin zu den Randstädigen der

Gesellschaft gehörend, die unrechtmäßig um ihre Existenz gebracht worden ist. Sie wendet sich in ihrer Not an den Richter der Stadt, bittet um Schutz, fordert: „Schaffe mir Recht!" Diesen bindet kein innerliches Band an das Recht, weder im Blick auf Gott noch die Rücksicht auf irgendeinen Menschen. Nichtswürdig, wie er ist - er tut, was er will – , verschließt er sich. Er lässt die Frau im Stich. Der Witwe bleibt nichts als ihr Bitten, ihr Flehen, ihr Schreien. Sie klammert sich an den Richter. Sie hat keinen anderen Helfer. Ihn geht sie immer wieder an. Lästig wird dem Richter ihr beharrliches Drängen. Doch wenn er sie allein lässt, wird sie ihm die Schuld geben, ihn als ihren Verderber verklagen; ja, und eventuell wird sie in Verbitterung und Ohnmacht, dass sie alles verloren sieht, ihn sogar ohrfeigen und mit der Faust ins Gesicht schlagen.

Jesu Gleichnis erzählt vom drängenden Bitten, vom - gegen Ermüdung, Resignation, Trägheit - beharrlichen Gebet um das Kommen des Reiches Gottes und sein Recht und seine Gerechtigkeit. Wenn schon dieser nichtswürdige Richter sich schließlich erweichen lässt – sollte dann nicht Gott umso mehr für euch offen sein? Gott, der doch um soviel liebevoller auf euch achtet, wird rasch, in Kürze, an denen, die sich in Sünde und Schuld Gottes gerechtem Willen verschließen, und an denen, die Unrecht und Leid erfahren und nach Gerechtigkeit schreien, Recht schaffen.
Im lukanischen Gleichnis vom großen Abendmahl erzählt Jesus vom Zorn des Gastgebers über die mit ihren Geschäften selbstgenügsam Zufriedenen und dass der Herr allen, den Menschen am Rand und an den Zäunen, das amikable Fest eröffnet (Lk 14, 15 - 24). Jesus erzählt von der Freude des Vaters über die Umkehr des verlorenen Sohnes (Lk 15, 16 – 24) und vom Leben in der Liebe zu Gott und zum Nächsten als Korona des Reiches Gottes.
„Dein Reich komme!" im Ruf zur Umkehr und in der Zusage des Heils, in Gericht und Gnade. So schafft Gottes Verheißung jetzt den Glauben, das grundlegende, Leben bestimmende Vertrauen auf Gott, dessen Gerechtigkeit Vergebung und neues Leben schenkt, den Glauben, der in der Liebe zu Gott und zum Nächsten sich für Recht und Gerechtigkeit engagiert im Vorletzten und zugleich Gottes alles vollendendes Zu-Kommen als das Letzte erbittet. Dieser Glaube wird bezeugt, wenn mit der Bitte „Dein Reich komme!" die christliche Gemeinde „in der noch nicht erlösten Welt" erinnert „an Gottes Reich, an Gottes Gebot und Gerechtigkeit und damit an die Verantwortung" der Christen und Nichtchristen, der Spezialisten und Laien, der Lehrenden und Lernenden, „der Regierenden und Regierten" hier und heute (5. These der Barmer Theologischen Erklärung von 1934).

4. Liebe Gemeinde, Dostojewski hatte im „ Großinquisitor" kein Interesse, was weiter geschieht. Jesus im Lukasevangelium verheißt, wenn er wiederkommen wird, er mehr Glauben findet als damals im mittelalterlichen Sevilla (Lk 21, 27f).
Wenn jedoch die Bitte um das Kommen des Reiches Gottes und um Gottes Gebot und Gerechtigkeit aufhört, so wird durch die der Welt eigene Angst und Zukunftssorge Christi Wiederkommen schon jetzt zum Gericht statt zum Heil. Kritik, aber noch mehr Verheißung ist uns die Botschaft vom Reich Gottes: Verheißung, dass unser beharrliches Bitten und engagiertes Tun für Recht und Gerechtigkeit hier und heute nicht vergeblich ist, wie sie auch bei dieser Witwe nicht vergeblich war.
Zuversichtlich lässt sie sein, dass das schuldhaft Ver-rückte, das wir täglich erfahren, einmal von Gott zurecht gerückt wird, dass alles Bruchstückhafte im Vorletzten doch zur Ganzheit durch Gottes Gnade vollendet wird. Trost, Gelassenheit und gewisse Hoffnung bringt die Bitte „Dein Reich komme!" ins verantwortliche Denken, Wollen und Tun von Recht und Gerechtigkeit, u. zw. konkret. Und Freiheit strahlt sie aus: „du stellst unsere Füsse auf weiten Raum" (Ps 31, 8) mit neuem Horizont und lässt uns gehen den Weg, dessen Ziel außerhalb menschlicher Möglichkeiten liegt. Denn in Jesus Christus erfahren die Menschen ihre Bestimmung als immer schon von Gott Geliebte, die auf den Weg zu gerechtem Frieden in Freiheit und Verantwortung gerufen sind und sich und ihr Tun den gnädigen Händen Gottes anvertrauen.

5. Der mit dem Volkstrauertag verbundene heutige Sonntag, liebe Gemeinde, erinnert an die Überwindung der Macht des Todes und der ängstenden Mächte von Unrecht und Ungerechtigkeit in der Auferstehung Jesu Christi und endgültig in seinem Wiederkommen. Anders als für irreale „Hinterweltler“ wird da „im Licht der Gnade Alles sehr hell werden und sein, was jetzt dunkel ist“, wie Karl Barth in seinen letzten Stunden noch niederschrieb (K. Barth nach: E. Busch, Karl Barths Lebenslauf, München 1975, 517). Entsprechend rief der spätere Bundespräsident Gustaf Heinemann angesichts von politischer Spannung, Spaltung, Angst: „Unsere Freiheit wurde durch den Tod des Sohnes Gottes teuer erkauft. … Gottes Sohn ist auferstanden“; „lasst uns der Welt antworten, wenn sie sich uns ängstlich machen will: Die Herren der Welt gehen, unser Herr kommt“ (Kirchentag in Essen 1950 „Rettet den Menschen“).

Liebe Gemeinde, „Dein Reich komme!“, beten wir. „ Maranatha“. Unser Herr kommt.

Und der Friede und die Gerechtigkeit Gottes bewahre unser verantwortliches Denken, Wollen und Tun im Glauben an unseren auferstandenen Herrn Jesus Christus. Amen

Gen 4, 1 - 15: “Jenseits von Eden: das Kainszeichen, mit vergebener Schuld leben”

13. So. n. Trin (26. 8. 2018) in der Peterskirche

“Die Wurzel aller Übel ist die Ungleichheit”. Diesen Satz bezog Papst Franziskus im Februar 2015 treffend auf die Welternährungsprobleme, auf den Skandal der ungleichen Teilhabe an den Nahrungsressourcen zwischen Nord und Süd - eine kritische Anfrage an uns. Festzuhalten ist aber auch, dass Ungleichheit nicht grundsätzlich schlecht sein muss. Ungerechte Ungleichheit als gesellschaftliches Grundübel prangerten nicht nur sozialrevolutionär Philosophen des 19. Jahrhunderts, sondern schon die alttestamentlichen Propheten an.
Die Extreme von Ungleichheit einmal ausgegliedert, erweisen sich unterschiedliche Kompetenzen, Fähigkeiten, Gaben, Tugenden, Einsichten, Geschmäcker - bei Gleichheit eines jeden Bürgers vor dem Gesetz und bei allgemein geltenden Standarts und sozialer Sicherung – erweisen sich als Bereicherung, als wechselseitige Anregung und Ergänzung in der Dynamik des pluralen und offenen Systems einer freiheitlich demokratischen Gesellschaft. Wichtig ist dabei allerdings die eigenen Haltung und das eigene Verhalten, wenn Ungleichheit erfahren, wenn persönlich Ungleichheit erlebt wird: wenn z. B. trotz eigener Kompetenz und Tüchtigkeit nicht mir, sondern dem Anderen so leicht der strahlende Erfolg zufällt; wenn ich, bis dahin anerkannt, verkannt werde; wenn mir, bis dahin beliebt, Wertschätzung plötzlich entzogen wird.

Von einem, der an dieser existentiellen Grundsituation scheitert, berichtet der heutige Bibelabschnitt Gen 4, 1 - 15:

1. Eine der bekanntesten Geschichten der Bibel ist dies, liebe Gemeinde. Verbreitete Familienmythen und archetypische Menschheitsgeschichten sind in diese Erzählung eingewoben. Zugleich wird Gottes dennoch vergebendes Erbarmen und Ermöglichen eines neuen Anfangs jenseits von Eden bezeugt.

Eva werden zwei Söhne geschenkt: Kain, die Lanze bedeutet sein Name, und Abel, Hauch, Schatten des Bruders, wird er genannt. Kain wird Ackerbauer, Abel wird Hirt. Gemeinsam bringen sie die Erstlingsgabe, wie es Brauch war, dar. Die Gabe Abels "erfährt Förderung", Kains Gabe aber "Nichtgedeihen". Beim bloßen Vergleich wird Abel bevorzugt; Kain aber hat das Nachsehen (Cl. Westermann, BK 403).
Eine immer wieder gemachte Erfahrung wird damit erzählt: Da arbeitet und schafft sich der eine ab, hat aber keinen Erfolg und findet keine Anerkennung; dem Anderen jedoch gelingt alles und der Applaus ist ihm sicher. Wie geht ein Menschen dann damit um, dass der Andere mehr Erfolg hat als er selbst? Diese Frage stellt sich je neu.
Kain, im aufkommenden Sturm der Affekte von Neid gegen Abel, mit der Angst, zu kurz zu kommen, und im vergiftenden Hass senkt finster den Blick. Der Konflikt ist da.

Kains Gefühle, seine Haltung und sein Verhalten zum Bruder haben aber Geltung auch vor Gott; das Verhalten zum Anderen betrifft die Beziehung auch zu Gott. Hier jedoch geht menschliches Berechnen über erlebte Ungleichheit einerseits und die Gott eigene Gerechtigkeit andererseits nicht auf; hier wird die Logik des Tun-Ergehen-Zusammenhangs durchbrochen, u. zw. von Gottes freiem Erbarmen, von seinem Gnadenwirken. Erinnern wir uns nur: Hanna, die Mutter Samuels, besingt, wie das Alte Testament berichtet, Gottes alles verändernde Tat: "Der Bogen der Starken ist zerbrochen, und die Schwachen sind umgürtet mit Stärke. ... Er hebt auf den Dürftigen aus dem Staub und erhöht den Armen aus der Asche" (1. Sam 2, 4, 6). Und Maria preist im Neuen Testament Gottes Umkehr menschlicher Wertungen (Lk 1, 46-55). In den Psalmen wendet sich die Klage des einzelnen mit dem großen "Aber" Gottes um in das Bekenntnis der Zuversicht. Und die Gleichnisse Jesu - etwa von den "Arbeitern im Weinberg" oder vom "verlorenen Sohn" - erzählen von Gottes Gerechtigkeit, die aus Liebe einfach geschenkt wird: gratis, ohne Vorleistung. Paulus schließlich ist es, der das "Wort vom Kreuzes" und das "Wort von der Rechtfertigung und Versöhnung" predigt als Kraft Gottes in der Schwachheit für die Sünder und Verlierer (1. Kor 1, 17 - 2, 6).

2. Gott, liebe Gemeinde, hält in unserer Erzählung auch jetzt die Beziehung zum von Grimm und Aggression verfinsterten Kain. Gott spricht, wie er es immer wieder auch heute tut, sei es durch die Predigt des Evangeliums, sei es durch das Wort eines Vertrauten. Gott weist auf sein Gebot an die Menschheit, auf seinen Willen zum Leben, und zugleich auf die Macht der Sünde und des Bösen; Leben zerstört sie, Zukunft verschließt sie. Sie lauert "vor der Tür". Sie giert, durchs Schlüsselloch einzudringen in Herz und Haus, in Verstand und Verhalten. "Du aber sollst Herr über sie sein", so Gottes Wille, du sollst das Böse mit Gutem überwinden.
Kain verschließt sich; er verschließt Herz und Verstand gegen Gottes guten Willen zum Leben. Weder die allgemein geltende "Goldene Regel "Alles, was ihr wollt, dass euch die Leute tun sollen, das tut ihr ihnen" (Mt 6, 33) noch das 5. Gebot "Du sollst nicht töten", geschweige das größte und wichtigste Gebot der Liebe zu Gott und zum Nächsten finden noch Geltung für ihn. Und aus Hassgefühlen und aggressiven Gedanken folgt nicht selten die böse Tat. Zusammen mit Abel auf dem Feld, ermordet Kain seinen Bruder: eine schmachvolle, verabscheuungswürdige Tat.

Und wieder ist Gott es, der Kain anredet, er zieht sich nicht ins Schweigen zurück. Gott fragt: "Wo ist dein Bruder Abel? "
Nicht voll Scham, wie Adam auf den Ruf Gottes "Wo bist du?", antwortet Kain, sondern mit trotziger Lüge und sarkastischer Entgegnung: "Soll ich der Hirte des Hirten sein?". Und noch einmal spricht Gott Kain an; er hält ihm vor: "Was hast du getan? Die Stimme des Blutes deines Bruders schreit zu mir von der Erde". Das Blut, Lebenskraft, im Erdacker versickert, kreischt gen Himmel.

Der eigentlich segnende Gott - Gott und Sünde haben nichts gemein – verflucht nun den Ackerbauern. Seine Ackererde soll hinfort keinen Ernteertrag hervorbringen. Kain hat Beruf und Leben verwirkt. Unstet, gehetzt und vogelfrei soll er hinfort sein Dasein fristen.
Kain akzeptiert die Folgen seiner Mordtat. Aber zu groß sind diese Folgen, zu schwer, als dass er sie tragen könnte. Er zeigt Einsicht, vielleicht auch nur Angst. Dennoch kennt Gott Geduld. Sein Erbarmen an ihm als Person ist groß, größer als die verwerfliche Tat. Gott sagt Nein zur Tat, zur Sünde und Schuld; und dennoch spricht er sein Ja zum Sünder und Schuldner. Gott ermöglicht dennoch neues Leben. Gott eröffnet Zukunft dem Unbehausten ohne Heimat.
Gott macht ein Zeichen an Kain, das Kainsmal. Schutz und Bewahrung symbolisiert es. Ausweis ist es von Gottes Erbarmen trotz Vergehen und Schuld für den, der sich zur Umkehr leiten lässt.

Irgendwie ist es paradox, das Leben jenseits von Eden mit dem Kainszeichen: Indem Gott dem Schuldigen vergibt, ermöglicht er ein Leben mit der Schuld - die Schuld wird ja nicht ungeschehen - , ohne auf diese Schuld festgelegt zu werden, ohne auf diese Schuld reduziert zu werden. Gott sieht die Person an, schenkt neu Zukunft. “Gott kennt viel tausend Weisen zu retten aus dem Tod” (EG 302, 5) allein aus Gnade, die Alles neu macht (2. Kor 5, 17).

3. Jenseits von Eden sind auch wir, liebe Gemeinde, auf dem Weg. Wir tragen das Kainsmal als Schutz und Bewahrung durch Gottes Geduld und Erbarmen (Röm 2, 4). Es weist schon voraus auf das Zeichen des Kreuzes (Hes 9, 4) als Zeichen des Lebens (1. Mose 21, 4-9; Joh 3, 14-21): voraus auf den auferstandenen Gekreuzigten zum Heil der Welt. Wer ihn glaubend ansieht, dem wird neu Ansehen und Anerkennung vor Gott geschenkt.
Und Gott fragt nach uns, noch bevor wir nach Gott fragen. Gott spricht zu uns, noch bevor wir mit ihm sprechen.

Der Neubeginn des gerechtfertigten Sünders schließt zugleich ein die Aufmerksamkeit und Achtsamkeit für die Frage “Wo ist dein Bruder Abel?”. Wo ist dein Bruder? Wir sind von Gott an den Anderen, den Bruder, verwiesen, “ihm helfen und beistehen in allen Nöten”, ihm ohne Interessenabgleich Ansehen und Anerkennung zu eröffnen. Die Botschaft von der freien Gnade Gottes macht “frei zu verantwortlichem Dienst” für und mit dem Anderen (Leuenberger Konkordie, Nr. 11).

Im Privaten und Öffentlichen sind wir auf den Anderen verwiesen.
Dem Ungleichheit nachteilig widerfährt wie Kain, ist Selbstzurücknahme und Mitfreuen mit dem Anderen eigen. Dem Ungleichheit zum eigenen Vorteil zufällt wie Abel, gilt Dankbarkeit für Gottes Segen, Demut und Zurückhaltung gegenüber den eigenen Interessen, Achtsamkeit, Rat und Hilfe für den Anderen. Wie aufbauend wirkt da das persönlich Anteil nehmende Gespräch und – ganz konkret - mit dem Bruder nicht nur eine, sondern zwei Meilen” zu gehen (Mt 5, 41) oder den in Krankheit und Einsamkeit Gefangenen zu besuchen (Mt 25, 36)!
Im Sozialen und Politischen gilt mit dem Schuldbekenntnis – etwa der Evangelischen Kirche 1945 in Stuttgart - die “Heilung der Erinnerung” z. B. durch die Versöhnung mit Frankreich 100 Jahre nach der Urkatastrophe des 20. Jahrhunderts, mit Israel nach dem Mensch und Gott verachtenden Völkermord an den Juden, mit Russland nach all dem Schrecken und Leid des II. Weltkrieges sowie mit Polen durch das Versöhnungswort der polnischen Bischöfe „um Vergebung bittend, vergeben wir“ zusammen mit der Versöhnungsdenkschrift der EKD 1966. Und so versuchen es die Versöhnungskonvente nach der Apartheit in Südafrika, woran wir mit dem 100. Geburtstag von Nelson Mandela in diesen Tagen denken.

Wir alle, liebe Gemeinde, hier im Gottesdienst sind Menschen mit dem Kainszeichen,

denen im Ansehen unseres gekreuzigten und auferstandenen Herrn Gottes freie Gnade verheißen und zugesagt ist, und die in der Feier des Abendmahls erfahren dürfen:
Angesehen von Gottes Erbarmen, sind wir Angesehene durch Gottes Gnade. Und angesprochen von Gott, sind wir verwiesen an den Bruder, an die Versöhnung mit dem Anderen, der Bruder ist.

Und der Friede Gottes, der höher ist als unsere menschliche Vernunft, der sei mit uns und bleibe bei uns auf unseren Wegen. Amen.

Mt 5, 13 – 16: „Ihr seid das Salz der Erde, Salz für die Erde. Ihr seid das Licht der Welt, Licht für die Welt“

Mittwochmorgengottesdienst am 4. 9. 2019 in der Peterskirche

Liebe Mittwochmorgengemeinde,

1. Die letzten Tage und vor allem die Ende Juli waren von einer außerordentlichen Hitze gekennzeichnet. Die Wärme genossen viele. Die starke Hitze brachte aber auch Trockenheit und für so manchen – gerade den Älteren und Anfälligen - Beschwerlichkeit: schweißtreibend wurde körperliche Bewegung und alltägliche Arbeit. Nebenfolgen waren: der Arm wurde schlaff, die Wade angespannt, der Kopf benommen, der Stoffwechsel gestört. Das Schwitzen bei häufigem Trinken entzog dem Körper Salz.
Das Salz – nicht nur an die Prise NaCl fürs geschmackvolle Frühstücksei sei gedacht – konserviert Fleisch und Fisch, schmilzt gefrorenes Glatteis und heilt als Sole und Saline. Der Mensch wie das Vieh – man denke an die Salz-Lecksteine für Rinder – brauchen dieses Mineral. Auch die Pflanzen wie Laubbäume, Gemüsen, Zuckerrüben, Weinreben, benötigen Kalisalz für Photosynthese und Wachstum.
In Landwirtschaft und Industrie schafft das „weiße Gold“ Wohlstand, wie die alten Salzbergwerke und die Salz- und Hallstädte anzeigen. Auch zur Tauffeier gehört das Salz; denn bei der Taufe auf den Namen Jesu Christi, in dem – wie es im Kolosserbrief heißt - „verborgen sind alle Schätze der Weisheit und der Erkenntnis“ (Kol 2, 3), in der Taufe – was heute nur selten geschieht - wird dem Täufling Salz gereicht mit den Worte: „Nimm hin das Salz der Weisheit zum ewigen Leben“.

2. Das für Mensch, Tier und Natur lebensnotwendige Salz, liebe Gemeinde, lässt „Leben schmecken“; so lautet die Losung des ökumenischen Schöpfungstages am 6. September in der Bundesgartenschau- und Salzstadt Heilbronn. Die Losung „Leben schmecken“ erfährt dabei ihren Grund in Jesu Verheißung: „Ihr seid das Salz, das Salz für die Erde“. Jesus verbindet in der Bergpredigt vom Reich Gottes diese Verheißung mit der Zusage: „Ihr seid das Licht, das Licht für die Welt“. Die universale und kosmische Bedeutung des Lichts schließt dieses Bildwort ein. Erinnern wir uns; mit Staunen nehmen wir es immer neu wahr: wenn kleine Kinder ein Bild von Mama, Papa und Kind, mit Haus und Baum malen, dann ist die Licht spendende Sonne ganz zentral dabei.
Das Sonnenlicht wärmt, schafft mit der Photosynthese das Grün, lässt wachsen und Frucht bringen, es bringt Helligkeit, ermöglicht Erkennen, klärt auf.

Lebensnotwendig wie Brot und Salz ist das Licht. „Nil sole et sale utilius“, „nichts ist nützlicher als Licht und Salz“, wie der römische Schriftsteller Plinius (23 – 79 n. Chr.) in seiner Naturgeschichte (31, 9) anzeigt. „Sal und sol omnia constituunt“, „Salz und Licht begründen alles“, wie Trinkhallen in Kurorten anzeigen.

Mit der Erschaffung des Lichts und der Trennung zwischen Licht und Finsternis beginnt der alttestamentliche Schöpfungsbericht das Schöpfungswerk Gottes. Sein schaffender Geist offenbart sich als Quelle des Lebens. Sein neuschaffender Geist erleuchtet die Herzen der Menschen „zur Erkenntnis der Herrlichkeit Gottes in dem Angesicht Jesu Christi“ (2. Kor 4, 6). Wie Christus von sich selbst sagt „Ich bin das Licht der Welt“ (Joh 8, 12; 9, 5; 12, 35), so sagt er dasselbe in der Bergpredigt von den Jüngern: „Ihr seid das Licht der Welt“, Licht des Reiches Gottes und Licht für die Welt.
Ihr seid, nicht ihr sollt sein, nicht elitär, nicht gesetztlich als Forderung, sondern als Zusage: ihr seid das Licht in den Finsternissen; wer euch sieht, wird Licht spüren, das Leben fördert und Zukunft eröffnet. Ihr seid das Salz, das Gefrorenes schmelzen und Geschmack verleihend „Leben schmecken“ lässt.

3. Liebe Gemeinde, in Jesu Verkündigung vom Reiches Gottes tun die Bildworte wirkmächtig, was sie sagen; denn Jesus, der Christus, in dem das Reich Gottes anbricht, ist es, der sie verheißt. Und weil die Jünger, die auf sein Wort hören, zu Jesus gehören, sind sie Salz der Erde und für die Erde, Licht der Welt und für die Welt.

Welch eine Verheißung, welch ein Zutrauen! Welch ein Vertrauen unseres Herrn Jesus Christus zu seinen Jüngern!

Die Verheißung gilt seinen Nachfolgerinnen und Nachfolgern, manchmal einer kleinen Schar, oft einer Minderheit, nicht selten verspottet und verachtet. Doch unübersehbar und unersetzbar sind sie in der Welt und für die Welt, in der Welt. aber nicht von der Welt.
Salz für die Erde, Licht für die Welt ist die Gemeinde im Hören auf das Wort ihres Herrn und im verantwortlich gelebten Glauben: Salz, das salzig schmeckt, nicht schal und dumm, und damit unnütz wäre; die „Stadt auf dem Berge“, die sich nicht verborgen hält, das Licht auf dem Leuchter, das gute Werke sehen lässt.
Das sind die Christen, die beten und stellvertretend für die anderen die Klage über Erkaltetes und Gefrorenes in der Gesellschaft fürbittend vor Gott bringen. Das ist die Gemeinde, die Christus, das „Licht der Welt“ in der Welt missionarisch leuchten lässt und als Mitarbeiter Gottes Leben fördernd und Zukunft eröffnend die Schöpfungsvielfalt konkret pflegt und erhält. So auch die Weisung der „Ökumenischen Versammlungen“ für Frieden, Gerechtigkeit und Bewahrung der Schöpfung schon seit nun mehr als 30 Jahren. Diese in der Tat weltweite „Gemeinde von Schwestern und Brüdern“ erinnert „an Gottes Reich, an Gottes Gebot und Gerechtigkeit und damit an die Verantwortung der Regierenden und Regierten“ (Barmen III, V). Lebensnotwendig ist sie und ihr Reden und Tun, unersetzbar und unübersehbar für Um- und Mitwelt; sie fördert Leben und lässt „Leben schmecken“.
Mit R. O. Wiemer:
„Ihr seid das Salz der Erde,
vielleicht nur ein Korn;

aber das Korn, man wird es schmecken.
Ihr seid das Licht der Welt,
vielleicht nur ein Funke;
aber der Funke fällt hell auf den Weg.
Ihr seid die Stadt auf dem Berge,
vielleicht nur ein Haus;
aber das Haus lacht aus den Fenstern.
Ihr seid das Salz der Erde,
vielleicht nur eine Handvoll;
aber das Salz bewahrt vor Fäulnis."

Liebe Gemeinde, Salz und Licht, lebensnotwendig, unersetzbar und unübersehbar; so die Verheißung an uns durch Gottes schöpferischen und neuschaffenden Geist am ökumenisch gefeierten Schöpfungstag heute. Amen.

1. Kor 12, 1 – 11:

"Staunen über die Gegenwart des heiligen Geistes und seiner Gaben"

Mittwochmorgengottesdienst am 6. 7. 2016 in der Peterskirche

Liebe Mittwochmorgengemeinde,
Zum Staunen möchte uns an diesem Morgen der heutige Predigttext reizen. Ja, das Staunen über den Duft des Lavendels und der Maronenblüten in diesen Tagen über Heidelberg kennen wir, auch Staunen über die "unverdrossne Bienenschar", die ihre Königin nachzieht, und über die sprachlichen, intellektuellen, medizinischen und technischen Fähigkeiten von uns Menschen. Hier nun das Staunen über die Gegenwart des heiligen Geistes, des Atems des Lebens und seiner vielfältigen Gaben in der Gemeinde. Staunen, Freude und Dank, was alles da ist; kein Jammern, was fehlt. Staunen, Freude und Dank über unsere Erfahrungen der Präsens des heiligen Geistes und seiner Gaben und Früchte.

1. Wir hören und lassen zu uns sprechen Wort des Apostel Paulus in 1. Kor 12, 1 - 11:
"1. Über die Geistesgaben aber, Brüder (und Schwestern) will ich euch nicht in Unkenntnis lassen. 2. Ihr wisst, dass ihr, als ihr Heiden wart, (immer wieder) fortgerissen, zu den stummen Götzen hingezogen worden seid. 3. Darum erklär ich euch: Niemand, der im Geist Gottes redet, sagt: 'Verflucht ist Jesus', und keiner kann sagen: 'Herr ist Jesus' außer im heiligen Geist.
4. Es gibt Zuteilungen (oder: Unterschiede) von Gnadengaben, aber es ist ein und derselbe Geist. 5. Und es gibt Zuteilungen von Diensten, und es ist ein und derselbe

Herr, 6. Und es gibt Zuteilungen von Kraftwirkungen, aber es ist ein und derselbe Gott, der alles in allem wirkt. 7. Jedem aber wird die Offenbarung des Geistes zum Nutzen gegeben. 8. Dem einen nämlich wird durch den Geist Weisheitsrede gegeben, einem anderen Erkenntnisrede gemäß demselben Geist, 9. Einem anderen (Wunder-) Glauben in demselben Geist, einem anderen Heilungsgaben in dem einen Geist, 10. Einem anderen Kräfte zu Machttaten (bzw. Wunderwirkungen), einem anderen Prophetie, einem anderen aber Unterscheidung der Geister, einem anderen verschiedene Arten von Zungenreden, einem anderen aber Deutung der Zungenreden. 11. Dies alles aber wirkt ein und derselbe Geist, der einem jeden das Eigene zuteilt, wie er will."

2. Liebe Gemeinde,
staunen über die vielfältige Konkretheit und konkrete Vielheit des Wirkens des heiligen Geistes in der Gemeinde lässt uns der Apostel Paulus: ein Perspektivenwechsel als "heilsame Provokation" heute.
"Fortgerissen, zu den stummen Götzen hingezogen", wie Paulus sagt, sind ja auch wir: etwa von der Faszination des Algorithmus, des berechenbaren und geplanten Herstellens und Produzierens, der szientistischen Erklärungssuche, der Optimierung menschlicher Fähigkeiten, auch der Positivierung von Recht und Verwaltung der Gaben und Aufgaben in kirchlichen Organisationen.
"Fortgerissen" auch oft vom "lebendigen Geist des Heidelberger Goethe-Forschers Friedrich Gundolf; wie er wegen seiner jüdischen Frau sich aus dem Stephan George-Kreis zurückziehen musste, so wurde auch sein Universitätslogo umgewertet im "deutschen Geist". Und wie oft pervertierte auch der "lebendige Geist", der sich nicht der Wahrheit verpflichtet weiß, zur Legalisierung und Legitimierung ideologischer Systeme, nationaler Interessen als Ungeist und Todesgeist - Stalingrad, Auschwitz, Hieroshima usw. - durch die "Wassersucht", "hydropsis" der Seele, der menschlichen Hybris und Selbstüberschätzung, wie es in Luthers "Heidelberger Disputation" heißt.
"Fortgerissen" auch im christlichen Milieu von der Erlebnissucht nach dem Kick unserer "Erlebnisgesellschaft": spirituelle Entrückung und Extravaganz oder - mit D. Bonhoeffer - mehr "seelische Gemeinschaft" elitären Bewusstseins -- Ungeist und Kleingeist der trennt.

3. Liebe Gemeinde,
"über das Wirken des heiligen Geistes und über die Geistesgaben will ich euch nicht in Unkenntnis lassen", so Paulus. Da tut Theologie Not und ihre Urteilskraft im Unterscheiden zwischen Glaube und Unglaube, Geist und Ungeist sowie Kleingeist. Ohne Haken und Ösen gesprochen: Als Kennzeichen des Wirkens des heiligen Geistes und seiner Gaben und Talente erweist sich das wohl älteste Bekenntnis "Kyrios Iesous", "Herr ist Jesus", als Antwort auf das "Wort vom Kreuz". Da offenbart sich der dreieine Gott in der Kraft des heiligen Geistes hier und heute. Denn Christus Jesus ist "von Gott uns gemacht zur Weisheit und zur Gerechtigkeit und zur Heiligung und zur Erlösung" (1. Kor 1, 30), wie uns Luther immer wieder zuruft.

Geschaffen sind die Charismen, Gaben und Talente, in der Gemeinde und Kirche durch das geistgewirkte Wort. Verheißung und Glaube verbindend, sind sie - mit unseren Kompetenzen - wider eindimensionalen Machbarkeitswahn gegeben -- wunderbar "von oben". "Der Mensch ist eben nicht ganz dicht", wie A. Peters - mit dem ihm eigenen trockenen Humor - uns vor Jahren hier im Mittwochmorgengottesdienst angesichts von neoaufklärerischem Rationalismus und Fortschrittsoptimismus gern zurief.
Emergent und kontingent, inspiriert und inspirierend sind die Charismen gegeben, Früchte hervorbringend, Segen schaffend. Auch sie freilich bleiben unvollkommen, bruchstückhaft, Verselbständigung und Schuldverstrickung ausgesetzt auf unserem Weg als "zugleich Sünder und Gerechte" und gerechtfertigte Sünder, angewiesen auf die je neue Entzündung der Liebe durch das Feuer des heiligen Geistes.
Vielförmig und verschieden sind die Geistesgaben. --
Schaut! Schaut hin! Und ihr werdet staunen.

Vollmächtig leben wir sie als "Mitarbeiter" Gottes im Zusammenwirken der Charismen, in der Kirche und in der Gemeinschaft der Kirchen (1. Kor 3, 8). Flache Hierarchien - eine Weisheit, die heute Großfirmen von Paulus gelernt haben - ist das Kennzeichen; denn es ist "ein Geist", "ein Kyrios", "ein Gott, der wirket alles in allem".
Gaben sind es als Dienst für Andere und zur Auferbauung der Gemeinde: Dienst in Feuer und Flamme für das Evangelium, für den Christus praesens, Dienst in Selbstzurücknahme zugunsten des Anderen in Freude und Dank, Dienst im "seligen Tausch" und nicht als Tauschgeschäft "was bringt's mir?"
Exemplarisch nennt Paulus aus der Fülle der Gaben neun: die klare Verkündigung des Evangeliums und das vernünftige Rechenschaft geben davon im Dienst der Kirche; das vollmächtige Wort, das Glauben weckt, der die Offenheit kennt, auch Nicht-Selbstverständliches zu erfahren, eben "Berge zu versetzen und Wunder zu wirken" (Mk 9, 23; Mt 17, 20). Paulus nennt den neuschaffenden Geist, der Heilung schenkt, der die Verstrickung in Hass und Böses überwindet. Paulus nennt das tröstende und weisende Wort, das wirkt, was es sagt. Er betont die Urteilskraft der Unterscheidung von heiligem Geist und Ungeist oder Nichtgeist. Die Geistesgabe der Glossolalie, der Himmelssprache, wird angesagt. Sie ist - wie G. Theissen es ausdrückt - der "Verlust der semantischen Sprachdimension". Ihr Verständlichmachen wird als Geisterfahrung ins Ganze des gemeindlich-kirchlichen Lebens hineingenommen, ohne sie als Mirakel normativ zu setzen, sagt Oskar Föller, der über lange Zeit hier mit uns das Abendmahl feierte. Alle diese Talente, Fähigkeiten und Gaben dienen der Vergewisserung und der Auferbauung der Gemeinde Jesu Christi. Viele weitere Charismen in unseren Gemeinden wären zu nennen.
Ja, Staunen, Freude und Dank auch heute.

Liebe Mittwochmorgengemeinde, da werden wir, ein jeder und eine jede, gefragt, welches ist meine Gabe, mein Talent, inspiriert und inspirierend in der Gemeinschaft der Charismen? Welches? In der Feier des Abendmahls werden wir Antwort findend vergewissert durch den heiligen Geist; zu Christus bringt er uns. Kommt, schmeckt und seht. Amen.

Printed by Books on Demand GmbH, Norderstedt / Germany